Schalom Ben-Chorin
Die Erwählung Israels

Schalom Ben-Chorin

Die Erwählung Israels

Ein theologisch-politischer Traktat

Piper
München Zürich

ISBN 3-492-03630-9

Gesetzt aus der Times-Antiqua
Gesamtherstellung: Clausen & Bosse, Leck
Printed in Germany

Inhalt

Zur Entstehung dieses Buches 7

Erwählung

Biblischer Befund 13
Der Bund mit den Vätern 18
Die Liturgie 27
Berufen und auserwählt 38
Erwählung im Zerrspiegel 45
Erwählung und Dichtung 53
Blick auf die Tradition 61
Israel und die Kirche 74
Rückblick und Ausblick 80

Erwählung und Verheißung

Das Land der Verheißung 87
Jerusalem 94
Wie alle Völker – wie alle Staaten? 104
Erwählung im Café 114
Die ungleichen Söhne Abrahams 123
Die Frauen 131
Der ungekündigte Bund 137
Geistlich tot? 142
Erwählung und Mystik 153
Die Voll-Endung 161

Epilog: Gestaltwerdung und Erwählung 168

Zur Entstehung dieses Buches

Im Rahmen eines Vortrages vor einer deutschen evangelischen Gruppe im Lutherischen Hospiz in Jerusalem am 17. März 1986 kam, wie so oft, die immer wieder gestellte Frage nach der Erwählung Israels auf.

Als ich kurze Zeit darauf in München weilte, bat mich Frau Ruth-Alice von Bismarck in einem Hauskreis, diese Frage eingehender zu behandeln. Am 31. März 1986 fand im Hause von Klaus und Ruth Alice von Bismarck die gewünschte Bibelarbeit statt. Herr von Bismarck war damals Präsident des Goethe-Institutes, so daß der Versuch einer Klärung des Skandalons, das mit dem Begriff der Erwählung Israels verbunden bleibt, eine weitere Ausstrahlung fand. Dennoch ruhte die Problematik, die ich in verschiedenen Arbeiten nur randhaft streifen konnte.

Am 22. November 1990 hielt ich an der Katholischen Akademie in München einen Vortrag über das Thema »Ein Land – Zwei Völker. Juden und Araber in Israel«, in welchem natürlich wiederum die Frage der Erwählung Israels auftauchte, da sich der Anspruch Israels auf sein Land auf die Verheißungen Gottes an Abraham stützt, der untrennbar mit unserem Thema verbunden bleibt, denn Erwählung und Verheißung bilden eine theologische Einheit.

Nach dem Vortrag wandte sich der Senior-Chef des Hauses Piper, Herr Dr. Klaus Piper, an mich mit dem Vorschlag, ein kleines Buch über die Erwählung Israels für den Verlag zu erstellen. In einem Brief vom 21. Februar 1991 präzisierte Klaus Piper sein Anliegen und betonte, daß ihn diese Frage seit längerer Zeit nicht nur interessiere, sondern beunruhige. Er gab damit einer Haltung Ausdruck, die sich auf weite Kreise erstreckt. Immer wieder wird dem jüdischen Volk der Gedanke der Erwählung als national-religiöse Hybris verargt.

Ein jüdischer Gesprächspartner Klaus Pipers meinte, daß die Erwählung Israels keine ethische Höherwertung bedeute, sondern nur Erwählung zum Leiden.

Wenn ich mich auch dem ersten Teil dieser Antwort anschließen kann, so bleibt mir doch der zweite Teil fraglich. Ich glaube nicht, daß der Begriff der Erwählung Israels *nur* im Sinne der Leiden zu interpretieren ist, wohl aber stellt der Typus des leidenden Gottesknechtes *eine* Komponente, sogar eine wesentliche, des Erwählungsbegriffes dar.

Tatsächlich ist der biblische Terminus »Eigentumsvolk Gottes« eine Abgrenzung, die aber vorwiegend ein Mehr an Pflichten umfaßt, so daß Israel als das mündigste der Völker erscheint.

Der Messianismus hängt mit dem Phänomen der Erwählung organisch zusammen, da die Erlösung der Welt mit Israel beginnt, sich aber weiterhin auf alle Völker erstreckt.

In der Tat stellt die Erwählung Israels eine Art Abgrenzung dar; Israel empfindet sich als das Eigentumsvolk Gottes, aber gerade dadurch wird die Abgrenzung insofern auch wieder durchbrochen, da Israel als der Modellfall für *alle* Völker gesehen wird.

Würde sich Gottes Handeln mit Israel nicht als das Beispiel und Vorbild für die Völker der Welt verstehen, hätte die hebräische Bibel, das Alte Testament, nie die Bedeutung erlangt, die ihm durch die christliche Kirche zukam. In diesem Zusammenhang kann man von der paradigmatischen Transparenz der Bibel sprechen. Immer wieder identifizierten sich die Weltvölker mit Israel, in dessen Geschichtsspiegel sie ihr eigenes Schicksal erkannten. Kleine Völker im Kampf gegen Großmächte sahen sich im Bilde Davids gegen Goliath, Negersklaven in den Südstaaten Amerikas verglichen sich mit den hebräischen Sklaven im Hause der Knechtschaft Ägyptens und sangen die Worte Mosis und Aarons vor Pharao in ihrem Spiritual »Let My People Go«. Auch die heutige Theologie der Befreiung in Südamerika knüpft an den Topos des Exodus an.

So könnte man sagen: Erwählt zum Gleichnis der Völker.

Meiner Mitarbeiterin, Hedi Strauss, danke ich für die Erstellung des Manuskriptes.

Jerusalem, im Frühjahr 1992 *Schalom Ben-Chorin*

Erwählung

Biblischer Befund

Der Gedanke der Erwählung Israels kann als ein Leitmotiv der hebräischen Bibel angesehen werden, das sich durch alle Teile des Alten Testaments hindurchzieht, vom Pentateuch bis zu den letzten Propheten. Diese Erwählung geht auf die Väter, insbesondere auf Abraham und Jakob, zurück.

Die Vätersagen sollen im kommenden Kapitel getrennt behandelt werden. Hier wollen wir uns zuerst mit dem Blick auf das Volksganze orientieren.

Sinn und Ziel der Erwählung kulminieren in dem kategorischen Imperativ Israels: »Ihr sollt mir sein ein priesterliches Reich und heilig Volk« (Ex 19,6).

Daß mit dieser Berufung das jüdische Volk überfordert ist, liegt klar zutage. Martin Buber hat in Erkenntnis dieses Sachverhalts in einer der letzten seiner »Reden über das Judentum« die brennende Frage gestellt: »Wie werden wir, die wir sind?« Wir sind Israel, im Sinne der Berufung, aber wir müssen es immer wieder werden. In den Sprüchen der Väter mahnt Rabbi Tarphon: »Es ist dir nicht gegeben, das Werk zu vollenden, aber du bist nicht frei davon, es zu beginnen.« Die Vollendung ist Gottes, in seinem Reich, das – im Glaubensdenken Israels – als *Telos*, als Ziel der Geschichte erwartet wird.

Die Kirche, die sich als das Neue Israel versteht, ist hier in einer analogen Situation. Wenn sie sich als die Gemeinschaft der Heiligen (oder Geheiligten) deklariert, so steht sie in der Wirklichkeit diesem Hoheitstitel nicht weniger unzureichend gegenüber wie Israel als das priesterliche Reich und heilig Volk.

Beide, Kirche und Israel, stehen unter dem Goethe-Wort: »Das Unzulängliche / Hier wird's Ereignis.«

Der Gedanke der Erwählung Israels wird oft dahin mißverstanden, daß sich Juden als eine »höhere Rasse«, als bessere Menschen, empfinden. Das ist jedoch völlig abwegig, und schon die Tatsache, daß es Übertritte zum Judentum theoretisch und praktisch gibt, erweist die Unhaltbarkeit rassischer Superioritätskomplexe.

Wie wenig das Judentum eine Rasse darstellt, zeigt ein Blick auf die Straßen Jerusalems, wo sich neben blonden, hellen Juden aus Ost- und Mitteleuropa dunkle Jemeniten und schwarze Äthiopier finden. Von einer rassischen Einheit kann nicht die Rede sein, und daher ist auch der – inzwischen annullierte – Vorwurf der Vereinten Nationen, daß der Zionismus ein Rassismus sei, völlig unhaltbar. Das Judentum bildet keine Rasse, sondern eine Schicksalsgemeinschaft, die nun tatsächlich unter dem isolierenden Begriff der Erwählung unabsehbare historische Folgen zeitigte.

Ein erster Blick auf die Bibel zeigt uns, daß die Erwählung nie Anlaß zum Übermut darstellen darf, »denn ihr seid das geringste unter den Völkern, und nur aus Liebe hat Er euch erwählt, daß Er seinen Eid halte, den Er euren Vätern geschworen hat« (Deut 7,7–8).

Der älteste der Schriftpropheten, Amos, deutet die Erwählung Israels im Sinne seiner Mündigkeit und ethischen Verantwortlichkeit: »Euch allein habe ich von allen Geschlechtern der Erde erkannt, damit ich an euch heimsuche alle eure Verfehlungen« (3,2), und derselbe Prophet mahnt: »Seid ihr Kinder Israels mir nicht gleich wie die Mohren (Äthiopier)? spricht der Herr. Habe ich nicht Israel aus Ägypten geführt und die Philister aus Kaphthor und die Aramäer aus Kir?« (9,7).

Aus diesem Prophetenwort geht hervor, daß der Gott Israels auch der befreiende Führergott anderer, sogar feindlicher Völker ist und daß vor ihm der farbige Mensch nicht weniger gilt als der weiße Mann, der Heide nicht weniger als der Israelit.

Eine ähnliche Vorstellung finden wir bei Jesaja 19,24, wo der Herr Ägypten als »mein Volk«, Assur als »das Werk meiner Hände« und Israel als »mein Erbe« anspricht.

Allerdings meint der Prophet Sacharja, daß Israel der Augapfel Gottes ist, wer ihn antastet, vergreift sich an Gott selbst (2,12).

Auch das Neue Testament hat diesen Erwählungsgedanken nicht preisgegeben. So statuiert Paulus (Röm 11,1ff.): »Hat Gott denn sein Volk verstoßen? Das sei ferne ... Gott hat sein Volk nicht verstoßen, welches er sich zuvor erwählt hat.«

Jesus selbst fühlte sich nur gesandt zu den verlorenen Schafen aus dem Hause Israel (Mt 15,24), und er weist das kananäische Weib ab, das aus der Gegend von Tyros und Sidon kommend, ihn um Hilfe für ihre von einem bösen Geist besessene Tochter anfleht. Jesus antwortet ihr nicht, bis sie weinend vor ihm niederfällt. Dann erfolgt die schroffe Antwort: »Es ist nicht fein, daß man den Kindern ihr Brot nehme und werfe es vor die Hunde.« Die gedemütigte Frau antwortet schlagfertig: »Ja, Herr, aber doch essen die Hunde von den Brosamen, die von ihrer Herren Tisch fallen.« Erst von dieser Antwort überwältigt, spricht Jesus das lösende Wort: »Dein Glaube ist groß. Dir geschehe, wie du willst.« Die Perikope schließt: »Und ihre Tochter war gesund zur selben Stunde« (Mt 15,22–28).

Aus dieser Szene geht klar hervor, daß gerade Jesus von Nazareth einen deutlichen Trennungsstrich zwischen Israel und den Völkern zog, der erst durch Paulus entfernt wurde.

In diesem Sinne haben auch die Weisen Israels in Talmud und Midrasch die Sonderung zwischen Israel und den Völkern entschärft durch die Einführung der Kategorie der Noachiden, der Nichtjuden, die die sieben Gebote, die nach der Sintflut den Kindern Noahs offenbart wurden, einhalten.

Es handelt sich um sechs Verbote und ein Gebot:

1. Verbot des Götzendienstes;
2. Verbot der Gotteslästerung;
3. Verpflichtung der Gesellschaft auf eine gerechte Ordnung (Gerichte);
4. Verbot des Mordes;
5. Verbot der Blutschande;
6. Verbot von Raub und Diebstahl;
7. Verbot des Blutgenusses, Verbot des Genusses eines Gliedes eines lebenden Tieres.

Der Blutgenuß ist allgemein schon in der Bibel selbst (Gen 9,4) verboten, während die übrigen noachidischen Gebote sich nur im Talmud (Traktat Sanhedrin 56a, Ende) finden und durch hermeneutische Regeln aus Genesis 2,16 abgeleitet werden. Sie stellen eine Art hebräisches Naturrecht dar und bilden eine Minimal-Verpflichtung für die Heiden, ähnlich dem Apostel-Dekret (Apg 15,29).

Maimonides, der große Scholastiker der Synagoge, bezeichnet diejenigen, die bewußt oder unbewußt die sieben noachidischen Gebote einhalten, als Randproselyten. Zusammenfassend meint eine talmudische Sentenz: »Die Gerechten aller Völker haben Anteil an der kommenden Welt.«

Ich führe diese Auffassung hier an, um zu zeigen, daß der Begriff der Erwählung Israels nicht in absoluter Exklusivität gesehen wird, sondern eine universelle Erweiterung erfährt, die im 19. Jahrhundert der italienische Rabbiner Elia Benamozegh als »Israels Katholizismus« bezeichnete.

Der Bund mit den Vätern

Der Bundesschluß mit Israel, in welchem die Erwählung zum Eigentumsvolk Gottes erfolgt, findet am Sinai statt, er gipfelt in der Offenbarung des Bundesgottes in Feuer und Posaunenschall (Schophar) und schließlich in der Verkündigung der Zehn Gebote, die auf den Bundestafeln, geschrieben mit dem Finger Gottes, von Mose von der Höhe des Berges herabgebracht werden.

Mose zertrümmert diese ersten Tafeln des Bundes angesichts des Volkes, das um das Goldene Kalb buhlt. Daß Gott das abtrünnige Volk nicht verwirft, sondern ihm die Bundestreue hält, ist nur der Fürsprache Mosis zu verdanken (Ex 19 u. 20; s. auch Ex 32).

Der eigentliche Bundesschluß wird Exodus 24 beschrieben, stellt aber genaugenommen eine Bundeserneuerung dar, denn der Bund der Erwählung wird bereits mit den Vätern – Abraham, Isaak und Jakob, insbesondere mit Abraham – geschlossen.

Die Väter-Sagen beginnen in der Genesis mit der Berufung Abrahams (Gen 12) und ziehen sich bis an das Ende des 1. Buches Mose hin, da auch Joseph noch zu den Vätern gerechnet werden muß.

Der Abrahams-Bund stellt seinerseits eine Art Bundes-Erneuerung dar, da der erste Bund der Noah-Bund ist, geschlossen im Zeichen des Regenbogens nach der Sintflut.

Die Gottesbünde des Alten Testaments können geometrisch in der Form eines doppelten Trapezes dargestellt werden, dessen Schmalseiten aufeinanderstehen.

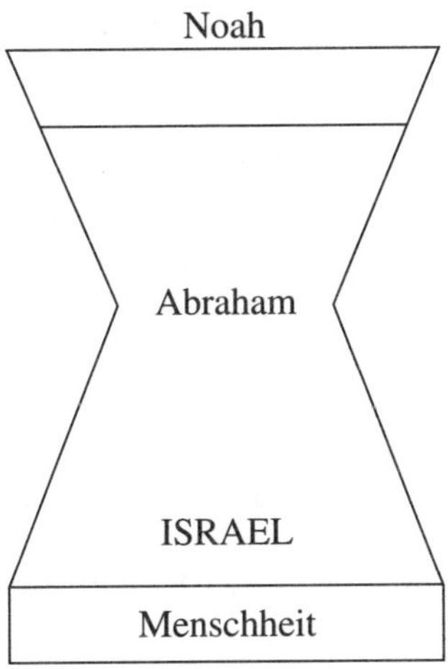

Die oberste Breitseite symbolisiert den Noah-Bund mit der ganzen Menschheit, dargestellt in den drei Söhnen des Noah: Sem, Ham und Japhet. Das Schema verengt sich dann zu dem Bund mit Abraham, erweitert sich wiederum zum Bund mit Israel und schließlich zu jenem Neuen Bund (Jer 31,31), der, eschatologisch gesehen, wiederum zum Menschheitsbund wird.

Das Christentum hat diesen Neuen Bund, der sich ursprünglich wiederum nur auf Israel bezieht, auf sich selbst, als das Neue Israel, bezogen und das Evangelium nach diesem Terminus »Neues Testament« genannt. »Testament« steht hier für das hebräische Wort *Berith*, Bund.

Der Gott Israels ist der Gott des Bundes, eigentlich der Bünde.

Psychologisch gesehen liegt der Grund für diese Bünde Gottes in seiner Einsamkeit. Die Götter der Antike haben eine oder mehrere Frauen. Der Gott Israels aber, in seiner Unvergleichlichkeit und Einzigkeit, bleibt allein, sucht daher das Du im Menschen, mit dem er Bünde schließt.

Das Christentum geht hier, wie auch anderwärts, in vormonotheistische, archaische Vorstellungen zurück, so daß Gott in der Jungfrau Maria eine Partnerin wählt, die ihm zur Gehilfin wird wie Eva dem Adam. Die Frucht dieser Verbindung ist dann der Sohn Gottes, die Fleischwerdung des Logos, des göttlichen Wortes, in Gestalt und Person Jesu.

So weit ist das Judentum in vormonotheistische Mythen nicht zurückgegangen. Freilich hat sich aus dem Bedürnis, auch ein weibliches Element in der Gottheit zu integrieren, die nachbiblische Vorstellung der *Schechina* gebildet, jener Emanation der Gottheit, die weibliche Züge annahm (das Wort *Schechina,* Einwohnung, ist feminin). Die *Schechina* entspricht in etwa dem christlich-apokalyptischen Begriff der *Sophia*, der Weisheit Gottes, die ebenfalls zu weiblicher Personalität stilisiert wurde. Diese Spekulationen aber sind in den Bereich der Kabbala, der jüdischen Mystik, zu verweisen, deren Ursprünge bis in die Epoche nach der Zerstörung des Zweiten Tempels (70 n. Chr.) reichen.

Nun aber zurück zu dem Bund mit Abraham.

Das Zeichen dieses Bundes ist die Beschneidung (Gen 17,9–14), die im Sinne eines Sakraments aufgefaßt wird, einer göttlichen Stiftung, die für alle Zeiten Gültigkeit besitzt.

Wie bei fast allen kultischen Geboten gibt die Thora, die Heilige Schrift, hier keine Begründung an, und es bleibt daher der Exegese überlassen, vermutliche Motive aufzuzeigen.

Zunächst ist festzustellen, daß durch dieses Zeichen das künftige auserwählte Volk einen sakralen Männerbund darstellt, denn es gibt kein Äquivalent für die weiblichen Nachkommen von Abraham und Sara. Diese ausschließlich maskuline Konzeption hat sich bis in die Gegenwart hinein erhalten. Nur eine Zehn-Männer-Gemeinschaft bildet eine vollwertige Gemeinde, die einen öffentlichen Gottesdienst feiern darf. Die Frauen zählen dabei nicht, denn nur die Gemeinschaft, die das Bundeszeichen Abrahams an ihrem Fleische trägt, ist kultfähig. Die jüdische Reformbewegung unserer Zeit versucht, dieses Tabu zu durchbrechen, durch Einsegnung neugeborener Mädchen und Aufnahme der Frauen als gleichberechtigte Mitglieder der Gemeinde, bis zur Ordination von Frauen zum Rabbinat. All dies aber hat für das Verständnis der ursprünglichen Bundesgemeinde keine religionsgeschichtliche Bedeutung.

Die Beschneidung tritt offensichtlich bereits in der Steinzeit auf (die ursprünglichen Beschneidungen wurden mit Steinmessern vorgenommen), was sich aus der Beschneidung des Sohnes des Mose durch seine Frau Zipora in der Wüstenherberge (Ex 4,25) und der Beschneidung der Wüstengeneration durch Josua (Jos 5,3ff.) ergibt.

Als Begründung naheliegend scheint mir, daß durch die Beschneidung des männlichen Zeugungsgliedes eine Humanisierung des Menschenopfers, hier des Sohnesopfers, intendiert ist. Der Beschnittene wird auch Blutsbräutigam genannt, was weiterhin in diese Richtung deuten mag.

In diesem Zusammenhang gebe ich der Vermutung Ausdruck, daß in der Redaktion der Genesis die Erzählung von der Bindung (nicht Opferung) Isaaks (Gen 22) eigentlich *vor* der Einsetzung des Sakraments der Beschneidung stehen sollte. In dieser Erzählung wird der Gehorsam Abrahams anstelle des Sohnesopfers von

Gott angenommen. Es wäre nur logisch, wenn sich an diese Gehorsamsprüfung, die – nach der uns vorliegenden Fassung – *nicht* mit der Opferung Isaaks endet, das Gebot der Beschneidung anschließen würde: die Vorhaut des Sohnes statt des ganzen Kindes. Die beiden Perikopen hängen motivisch zusammen, was aber in der heutigen Anordnung nicht mehr ohne weiteres erkennbar ist.

Das Bundeszeichen der Erwählung wird im Neuen Testament bei Paulus zum Ärgernis, da es die Bekehrung der Heiden hindert, aber dennoch beschneidet er selbst seinen Schüler Timotheus, der Sohn einer jüdischen Mutter und eines heidnischen Vaters war (Apg 16,3), während er seinen Jünger Titus *nicht* beschneidet, da er Heide war (Gal 2,3).

Der Abrahams-Bund erfährt noch einmal eine Erneuerung durch den eigentlichen Israel-Bund mit Jakob bei dem Ringkampf mit der nächtlichen Erscheinung am Fluß Jabbok. Diese nächtliche Erscheinung wird in der Genesis (32,23 ff.) nur als Mann bezeichnet und erst beim Propheten Hosea als Engel. In diesem nächtlichen Ringkampf, der mit den berühmten Worten endet: »Ich lasse dich nicht, du segnetest mich denn«, erhält Jakob den Segensnamen »Israel«, der als »Gottesstreiter« gedeutet wird: »Denn du hast mit Gott und den Menschen gerungen und hast obsiegt.« Aber Jakob kehrt nicht unbeschädigt aus diesem Ringkampf zurück, an der Hüfte verletzt, hinkt er.

Nicht Abraham, sondern Jakob ist der eigentliche Stammvater Israels, der ihm beides vererbt hat, den Würdenamen des Gottesstreiters – und das Hinken.

Der Gottesstreiter, der in späteren Traditionen, etwa bei Deuterojesaja, als Knecht Jakob und Knecht Gottes bezeichnet wird, hinkt gewissermaßen durch die Weltgeschichte als der leidende Knecht Gottes, der nicht unversehrt seine Mission erfüllen kann.

Es fällt auf, daß Abraham und Jakob als die Väter des Bundes deutlicher in Erscheinung treten als Isaak. Dieser trägt die Züge des Alterskindes, wird als passiv und introvertiert geschildert. Es darf aber nicht vergessen werden, daß er der eigentliche Held der Geschichte vom Opfer des Abraham war. Denn der »Knabe« ist bereits – nach der Tradition – über dreißig Jahre alt gewesen, und er hätte sich leicht des greisen Vaters erwehren können, der das Opfermesser gegen ihn zückte. Er aber tat es nicht und bildet so das Vorbild für den Sohn, der, gehorsam bis zum Ende, sich unter die Hand des Vaters demütigt. Der Midrasch weist darauf hin, daß Isaak auf dem Wege nach dem Opferberg Moria das Holz für den Altar getragen habe, wie einer, der sein Kreuz zur Richtstätte schleppt. Wie merkwürdig weben doch die Fäden der Traditionen der zwei Glaubensweisen, Judentum und Christentum, schon in den Mythen der Väter ineinander.

Die Erwählung ist immer an Prüfung gebunden, geht nicht ohne tiefe Schmerzen vor sich.

Bei Abraham ist es das lange Warten auf den verheißenen Sohn der Sara, bei diesem Sohn, Isaak, ist es die Stunde auf dem Opferaltar zu Moria, und bei Jakob ist es der nächtliche Ringkampf.

Noch in die Verheißung an Abraham liest die rabbinische Tradition eine Polarität von Segen und Fluch hinein. Wenn es in dieser Verheißung lautet, daß die Nachkommen Abrahams zahlreich wie die Sterne des Himmels oder der Sand am Meere sein werden, bemerkt Raschi, der klassische mittelalterliche Exeget, den Midrasch zitierend, zu dieser Stelle: Wenn sie, die Kinder Abrahams, den Bund Gottes und seine Gebote wahren, leuchten sie wie die Sterne des Himmels. Wenn sie aber den

Bund brechen und Gottes Gebote nicht halten, gleichen sie dem Sand am Meer, der unter die Füße getreten wird.

Der eigentliche Bundesschluß mit dem ganzen Volk Israel erfolgt am Sinai. In der Begegnung mit dem Ewigen wird das Bundesvolk gleichsam mit Ewigkeit imprägniert. Hier erweist es sich, daß die Erwählung Israels nicht nur ein Theologumenon darstellt, einen theologischen Lehrsatz oder gar ein Dogma, das keine weitere Nachprüfung erlaubt; man kann, ganz im Gegensatz dazu, von einem empirischen Beweis sprechen, denn dieses mit Ewigkeit imprägnierte Volk der Begegnung mit dem Ewigen hat tatsächlich in seiner langen Geschichte große und mächtige Völker überdauert: das Pharaonenreich Ägypten, die Großmächte Assyrien und Babylon, Alexander und die Diadochen, das Imperium Romanum und endlich auch das tausendjährige sogenannte Dritte Reich. Gerade die Erfahrung der letzten Jahrzehnte zeigt uns, daß auch nach dem furchtbaren Aderlaß des Holocaust die Substanz Israels nicht getroffen war. Auf den Holocaust folgt die Errichtung des Staates Israel. Gericht und Gnade werden in *einer* Generation sichtbar, zeigen immer und immer wieder, daß Israel als das Volk der Erwählung einer anderen Gesetzmäßigkeit untersteht als die Völker der Welt.

Der Midrasch, die jüdische Legende, spricht allerdings davon, daß Israel die Erwählung nicht ganz freiwillig auf sich genommen habe. Der sich offenbarende Gott bedroht das Volk und kündigt ihm an, den Berg Sinai wie einen Trichter über das widerstrebende Volk zu stülpen, wenn es Bund, Gesetz und Erwählung nicht auf sich nimmt.

Das ist die eine Auffassung. Die andere aber betont die Antwort Israels auf die angekündigte Offenbarung: »Wir wollen es tun und hören«; das Tun vor dem Hören, die bedingungslose Unterwerfung unter Wort und Willen Gottes, was immer Er auch von seinem Volk fordern würde.

So stehen sie in dialogischer Begegnung einander gegenüber: dieser Gott und dieses Volk. Der Bund der Erwählung mit dem Ewigen dauert durch die Zeiten.

Es kommt dabei nicht darauf an, ob der einzelne Jude, nicht einmal, ob das jüdische Volk in seiner Mehrheit diese Erwählung wünscht, sie ist das *objektive* Schicksal Israels. Nicht was Israel will, sondern was mit ihm gewollt ist, entscheidet.

Schon die Abgesandten des Volkes, die von dem letzten großen Charismatiker Samuel, der Priester, Prophet und Richter in einer Person war, die Einsetzung eines Königs verlangen, begründen ihr Begehren damit, daß sie wie alle Völker sein wollen (1 Sam 8,4ff.). Aus diesem Wunsch spricht das, was Thomas Mann (in anderen Zusammenhängen) »die Wonnen der Gewöhnlichkeit« nannte.

Immer wieder will Israel werden wie alle Völker, und es gelingt ihm nicht. Aus dem Wunsch, einen König wie alle Völker über sich zu haben, entspringt der messianische Gedanke. Das Königtum wird transzendiert, im Königtum Gottes, das der Nachkomme des zweiten Königs von Israel, David, auf Erden etablieren soll. (Auch Jesus wird immer und immer wieder, in diesem Sinne, als Sohn Davids angesprochen.)

Die Könige der Völker haben regiert und sind dann vom Schauplatz der Geschichte abgetreten. Der König Israels aber wird zum Ahnherrn des Messias, des eschatologischen Herrschers.

Der letzte große deutsche Rabbiner, Leo Baeck, der die Hölle von Theresienstadt durchlitten hat, konzipierte dort auf Zetteln und Fetzen sein Buch »Dieses Volk. Jüdische Existenz«, das mit den Worten des Deuterojesaja endet: »Wenn auch die Berge wanken, und die Hügel weichen, meine Liebe wird nicht von dir weichen, und der Bund meines Friedens wird nicht wanken, spricht der Herr, dein Erbarmer.«

Durch alle Fährnisse hindurch hat dies das Volk der Erwählung immer wieder erfahren, von den Vätern bis heute. Die Schwere des Schicksals, die aus der Gnade der Erwählung resultiert, hat oft den Aspekt der Gnade verdunkelt.

Israel ist, wie Hiob, Gottes Knecht, der geprüft wird, um endlich die erlösende Heilstat zu erfahren. Leicht ist es, dies in Rückblick und Ausblick zu statuieren, unendlich schwer aber, solche Erkenntnis in der Nacht der Qualen zu bewahren, wie es der Dichter des 23. Psalms bekennen konnte:

»Auch wenn ich im Tal des Todes wandle,
fürchte ich nichts Böses;
denn du bist mit mir,
dein Stab und deine Stütze, die trösten mich.«

Wer hatte die Glaubenskraft, dies in Auschwitz zu beten? Es waren viele, die das vermochten, was wir Kleingläubigen nur ehrfurchtsvoll bestaunen können.

Die Liturgie

Der Gedanke der Erwählung Israels findet seinen stärksten Niederschlag in der Liturgie der Synagoge. Das betende Israel preist sich glücklich, das Eigentumsvolk Gottes zu sein, versteigt sich sogar zu einem Lobpreis, den ich, nach Auschwitz, nicht mehr nachzuvollziehen vermag: »Wie gut ist unser Teil, wie angenehm unser Los...«

Ich vermag das nicht mehr zu beten. Es scheint mir wie eine Lästerung, wenn ich auf die unendlichen Totenfelder der Konzentrations- und Vernichtungslager blicke, wenn ich durch den Raum der ermordeten Kinder in der Gedenkstätte »Jad Washem« in Jerusalem schreite.

Können wir unter Tränen solchen Lobpreis sprechen?

Am stärksten kommt das im Alejnu-Gebet, das im Mittelpunkt der Liturgie des Neujahrsfestes und des Versöhnungstages und am Ende des Gemeindegottesdienstes an Wochentagen und Feiertagen steht, zum Ausdruck. Dieses Gebet betont in seiner ursprünglichen Form die Erwählung Israels durch Abqualifizierung der anderen Völker und hat damit die nicht unberechtigte Kritik der Kirche ausgelöst:

»Unsere Pflicht ist es, zu preisen den Herrn des Weltalls, um die Größe des Schöpfers zu verkünden, der uns nicht wie die Völker der Erde gemacht, wie die Sippen der Welt. Sie beten Nichtiges und Leeres an, einen Gott, der nicht zu helfen vermag.«

Das Wort Hilfe, *Jeschua*, wurde mit dem Namen Jesu identifiziert, was wohl kaum intendiert war, und fiel daher der kirchlichen Zensur zum Opfer.

Aber auch die königlich-preußische Zensur vom 28. August 1703 erließ, nach hochnotpeinlichen Untersuchungen, ein »Edikt wegen des Judengebetes Alejnu und daß sie einige Worte auslassen, nicht ausspeyen, noch darbey hinwegspringen sollen«.

Ismar Elbogen betont in seinem grundlegenden Werk über den »Jüdischen Gottesdienst in seiner geschichtlichen Entwicklung« (Hildesheim 1967, S. 80/81), daß Kommissionen ernannt wurden, die den Vortrag des Gebetes überwachen und darauf achten sollten, daß der inkriminierte Satz nicht gesprochen wurde. Schließlich ist er auch aus den deutschen Gebetbüchern vollständig verschwunden.

Noch weiter gingen die Reform-Liturgien, etwa in der Formulierung:

»Der uns von den Irrenden abgesondert hat«.

In deutschen Versionen lautete die inkriminierte Stelle:

»Der uns nicht den Heiden gleichgestellt, den in Aberglauben versunkenen Geschlechtern«.

Wie immer auch das Ärgernis entschärft wurde, die heilsgeschichtliche Trennung zwischen Juden und Nichtjuden, im Sinne der Erwählung Israels, bleibt bestehen.

Als Papst Johannes XXIII. die »perfiden Juden« aus der Karfreitags-Liturgie strich, war eigentlich die Stunde gekommen, auch aus dem Alejnu-Gebet die anstößige Stelle zu entfernen und statt dessen zu betonen, daß die Gotteserkenntnis Israels sich in Christentum und Islam weiter verbreitet hat. Aber nichts dergleichen ist geschehen. So hat etwa das israelische Oberrabbinat in Jerusalem keinerlei Schritte unternommen, um das Ärgernis des Alejnu zu entschärfen. Allerdings gibt es im Judentum von heute keine Instanz, die der Autorität des Papstes in der Römisch-Katholischen Kirche entspräche.

Besonders kräftig wird in einem positiven Sinne die Erwählung Israels im Kiddusch, dem Weihesegen über den Kelch an den Vorabenden der Feiertage, betont:

»... der uns erwählt hat von allen Völkern und uns erhöht hat über alle Sprachen und uns geheiligt hat durch seine Gebote«.

Die Erhöhung über alle Sprachen meint die heilige hebräische Sprache, in welcher Gottes Wort zu uns gekommen ist.

Diesem Gedanken gibt auch der Segensspruch bei der Vorlesung aus der Thora Ausdruck:

»Gelobt seist du, Herr unser Gott, der uns von allen Völkern erwählt hat und *uns* seine Thora gegeben hat.«

Im Schlußsegen wird der Gedanke noch einmal aufgegriffen:

»Gelobt seist du, Herr, unser Gott, der uns seine Thora gegeben hat und ewiges Leben in unsere Mitte gepflanzt hat.«

Es wird gerade in dieser Betonung der Erwählung Israels gleichzeitig sichtbar, was der Psalmist in die Worte faßt:

> »Nicht uns, Herr, nicht uns,
> sondern deinem Namen gib die Ehre.«
> (Ps 115,1)

In solcher Sicht wird es klar, daß die Erwählung Israels als reiner Gnadenakt der Verherrlichung Gottes dienen soll, was aber nur der Fall ist, wenn sich Israel dieser Erwählung würdig erweist.

Am Sabbath-Ausgang wird in der sogenannten Havdala-Zeremonie betont:

»Gelobt seist Du, Herr, der zwischen Heiligem und Profanem unterscheidet, zwischen Licht und Finsternis, zwischen Israel und den Völkern ...«

In allen solchen liturgischen Texten kommt das Erwählungsbewußtsein zum Ausdruck. Liturgie ist wichtiger als Theologie für das Verständnis einer Glaubensgemeinschaft, wie Laurentius Klein OSB betont. Liturgie ist Gemeingut des Volkes, Theologie nur die Wissenschaft der Professionellen in den Religionen.

Von den heutigen Glaubensströmungen im Judentum halten Orthodoxie, Konservative und Reform in verschiedenen Nuancen an der Erwählung Israels fest, nur die amerikanischen Reconstructionists, die auf Mordecai Kaplan (1881–1983) zurückgehen, haben im Sinne des amerikanischen Pluralismus den Erwählungsgedanken preisgegeben und in ihren liturgischen Texten versucht, jeweils Formulierungen zu finden, die zwar die religiöse Berufung Israels betonen, aber nicht auf Kosten anderer Völker.

So wird in der angeführten Benediktion bei der Vorlesung aus der Thora nicht mehr gesagt:

»der uns erwählt hat aus allen Völkern«,

sondern rein positiv:

»der uns nahegebracht hat seinem Dienste«.

Die Erwählung Israels wird in einer besonders volkstümlichen Weise in dem Liedchen: Ein Lämmlein, ein Lämmlein ... in der Passah-Nacht artikuliert:

»Ein Lämmlein, ein Lämmlein,
das der Abba (Vater) für zwei Susej (alte Münze)
erworben hat.«

Dieses Lämmlein ist Israel, das Agnus Dei, das der Vater, Gott, sich erkauft hat mit zwei Münzen, die hier für die zwei Bundestafeln mit den Zehn Geboten stehen.

Dieses Liedchen der Erwählung Israels haben Achim von Arnim und Clemens Brentano in einer merkwürdigen Nachdichtung in ihre klassische Anthologie »Des Knaben Wunderhorn« aufgenommen, unter der Überschrift: »Ein Lied für die Jüngelcher von unsern Leut«.

(Das ist eine Art Judendeutsch, allerdings Phantasieprodukt der Romantik.)

In vielen volkstümlichen Liedern dieser Art, so auch in der Hymne »Maos Zur« (Fels der Zuflucht) des Chanukka-Festes, zur makkabäischen Tempelweihe, wird das erwählte Israel mit der Rose unter den Dornen verglichen.

Dieses Bild steht auch am Anfang des Grundbuches der Kabbala, des Sohar, das mit den Worten beginnt:

»Wie die Rose unter den Dornen
ist Israel unter den Völkern.«

Der Gedanke der Erwählung Israels wird liturgisch im eschatologischen Ausblick überwunden.

So finden wir in dem Kerngebet zum Neujahrsfest und Versöhnungstag:

»So gib denn deine Furcht
über all deine Geschöpfe,
eine Gemeinschaft zu bilden,
daß sie deinen Willen tun
von ganzem Herzen.«

Hier wird die Menschengemeinschaft im Dienste Gottes für die Zukunft proklamiert, hier geschieht, was Franz Rosenzweig »die Möglichkeit, das Reich zu erbeten« nannte.

Die Übereinstimmung mit dem Vaterunser ist nicht zu übersehen:

»Dein Reich komme,
Dein Wille geschehe
wie im Himmel also auch auf Erden.«

Das darf nicht wundernehmen, denn das Vaterunser ist ein jüdisches Gebet von der ersten bis zur letzten Zeile, Geist vom Geiste der Liturgie der Synagoge.

Wenn in der angeführten Stelle aus den Gebeten der Hohen Feiertage die Überwindung des Partikularismus, der Kehrseite der Erwählung, spricht, so ist der Anklang an die prophetische Sicht offenbar, die die allgemeine Gotteserkenntnis für die messianische Endzeit statuiert. Das hängt wiederum mit dem besonderen Charakter der Hohen Feiertage, die die furchtbaren Tage genannt werden, zusammen. An ihnen tritt der Gedanke der Erwählung Israels insofern zurück, als nur diesen beiden Festen, Neujahr und Versöhnungstag, kein nationales Erinnerungsdatum zugrunde liegt (wie den drei Wallfahrtsfesten Passah, Wochenfest und Laubhütten, die die Stationen des Exodus markieren), sondern nur der Mensch als Sünder vor dem richtenden und rettenden Gott, König und Vater, steht.

Dennoch wird in der Einleitung zum großen Sündenbekenntnis der Gemeinde am Versöhnungstag gesungen:

»Denn wir sind dein Volk
und du bist unser Gott,
wir sind deine Kinder
und du bist unser Vater,
wir sind deine Knechte
und du bist unser Herr,
wir sind deine Gemeinde,
und du bist unser Anteil,
wir sind dein Erbe
und du bist unser Schicksal,
wir sind deine Herde
und du bist unser Hirt
...
wir sind dein Volk
und du bist unser König.«

In diesem Präludium zum Schuldbekenntnis kommt wieder etwas von der Exklusivität Israels als Eigentumsvolk Gottes zum Ausdruck. Das wiederholt sich auch in der anschließenden großen Litanei des Rabbi Akiba, die mit den Worten beginnt:

»Unser Vater, unser König,
wir haben vor dir gesündigt,
unser Vater, unser König,
wir haben keinen König außer Dir.«

Damit wird das Königtum Gottes in Israel eindeutig umschrieben. Das Volk der Erwählung stellt sich unmittelbar unter die Herrschaft seines Gottes, was so nicht für die Völker der Welt gilt, die ihre irdischen Herrscher verehren.

Man muß sich vergegenwärtigen, daß dieser liturgische Text aus der langen Zeit der Staatslosigkeit Israels entstand. Gerade die machtlose Position verstärkte mehr und mehr den Gedanken einer unmittelbaren Gottesherrschaft, Stigma des Volkes ohne Land und Staat, ein Zustand, der sich erst in unseren Tagen, 1948, ändern sollte, was dann zu einer graduellen Normalisierung Israels beitrug, die tatsächlich zuweilen eine Kollektiv-Assimilation zeitigt und den Gedanken der Erwählung einerseits verdunkelt, andererseits aber zu einer nationalistischen Hypertrophie führt, da die Erwählung mit der Landverheißung unlöslich verbunden ist. Das Gelobte Land gehört dem erwählten Volk. Daraus werden realpolitische Konsequenzen abgeleitet, die gegenwärtig einen internationalen Konfliktstoff darstellen. Eschatologie und Realpolitik des Tages können nicht immer auf einen Nenner gebracht werden. Die Erwählung Israels muß sich nicht in Gebietsansprüchen dokumentieren und realisieren.

Der Psalter steht, aus unserer Perspektive, zwischen Bibel und Liturgie. Natürlich gehören die fünf Bücher der Psalmen als integraler Bestandteil zur hebräischen Bibel, aber sie bilden andererseits das Herzstück der Liturgie, nicht nur der Synagoge, sondern auch der Kirche. Dieses Gebetbuch des Judentums und des Christentums ist voll von Anspielungen und Hinweisen auf die Erwählung Israels, wobei verschiedenartige Deutungen in den zwei Glaubensweisen Platz finden.

Für das Judentum gilt das Primärverständnis, Israel als Gottes Eigentumsvolk, für die Kirche das Sekundärverständnis als das Neue Israel.

Von den vielen Stellen im Psalter, die im Zusammenhang der Erwählung Israels aufleuchten, hat für mich Psalm 95,7 herausragende Bedeutung. Dieser Psalm bildet unter seinen Anfangsworten »Lechu neranena« den Auftakt zur Liturgie des Freitagabend (Beginn des Sabbath) und ist in der katholischen Liturgie als »Venite adoremus« bekannt.

In diesem Psalm wird die Erwählung eindeutig an die Verpflichtung geknüpft:

»Denn er ist unser Gott
und wir das Volk seiner Weide.
Heute, wenn ihr auf seine Stimme höret.«

Hier wird gesagt, daß Israel Gottes Herde darstellt, nicht nur in biblischer Vergangenheit, sondern heute oder bis heute, *wenn* es auf Gottes Stimme hört.

Bund und Verheißung sind zwar ewig oder (wie Buber/Rosenzweig übersetzen) »auf Weltzeit« gültig, aber nur dann, wenn Israel auf die Stimme hört, die von Abraham über das Kollektiv-Erlebnis am Sinai bis zu den Propheten zu ihm gesprochen hat – und weiter spricht.

Erwählung wird hier als dialogisches Geschehen aufgefaßt: der redende Gott und das hörende Israel. Deshalb beginnt auch das Glaubensbekenntnis mit dem Imperativ: »*Höre* Israel«.

Es ist freilich nicht immer leicht, die Stimme Gottes zwischen den Stimmen der Zeit zu vernehmen.

Ein naiver Hörer fragte mich nach einem meiner Vorträge vor christlichen Gruppen: »Im Alten Testament spricht Gott zu den Juden. Tut er das heute noch?«

Was sollte ich darauf antworten? An die Stelle des gesprochenen Wortes trat das geschriebene Wort, das je und je in seiner Gesprochenheit wieder verlautbart wird, wenn wir auf die Stimme lauschen. Ich möchte damit nicht einem Fundamentalismus das Wort reden, der *nur* im Wort der Schrift diese Stimme vernehmen *will*. Gott spricht zu uns in der Natur, in der Geschichte und in unserem eigenen Leben, aber die Richtschnur wird doch im prophetischen Wort erkennbar.

So empfindet sich die Liturgie als Dialog zwischen dem anredenden Gott der Offenbarung und der antwortenden Gemeinde des Bundesvolkes.

Diese ideale Konzeption wird in der gelebten Wirklichkeit oft zur Karikatur, wenn liturgische Texte gleichsam als eine Pflichtlektion absolviert werden, in Wort und Klang. In den Gemeinden der Diaspora kommt hinzu, daß die hebräische Sprache, die die heilige und daher vorwiegend die liturgische Sprache ist – es gibt auch aramäische Gebetstexte –, nicht mehr verstanden wird.

In Israel gibt es die Gefahr des Mißverständnisses insofern, als dieselben hebräischen Vokabeln in der täglichen hebräischen Umgangssprache eine andere, triviale Bedeutung angenommen haben.

In der Kirche war dies kaum anders. Der lateinische Text der Messe wurde weithin nicht verstanden, da das Latein eine Art Privileg der Kleriker darstellte. Erst durch die Beschlüsse des Zweiten Vatikanums wurde die Messe in der Landessprache eingeführt.

Die jüdische Reformbewegung hat ebenfalls die Liturgie – mit wenigen Ausnahmen berühmter Kernsätze – in die Sprache der Umwelt übertragen.

In Deutschland gab es nur die jüdische Reformgemeinde zu Berlin, die ein Gebetbuch in deutscher Sprache benutzte. In den liberalen Gemeinden blieb zwar die hebräische Kultsprache vorwiegend, nur einige Gebete, darunter das hier behandelte Alejnu-Gebet, wurden deutsch gesprochen. In Frankreich waren es auch nur ganz wenige Reformgemeinden, vor allem in Paris, die sich des Französischen bedienten, in England sind es bis heute die liberalen Gemeinden, und zum Teil die Reform, in Amerika aber alle Reformgemeinden, die sich einer Liturgie in englischer Sprache bedienen.

Mit dem verlorenen Klang der hebräischen Sprache, verstanden oder nicht verstanden (bzw. teilweise verstanden), geht der Charakter der erwählten Bundesgemeinde weithin verloren, denn das heilige Volk betet in der heiligen Sprache zum Heiligen. Die bereits im Weihesegen zu den Festen des Jahres erwähnte Erhöhung über alle Sprachen verliert ihren Sinn, wenn diese Sprache vergessen oder profaniert wird.

Solche Überlegungen haben dazu geführt, daß ultraorthodoxe Juden in Israel, vor allem in Jerusalem und Benei Berak, es ablehnen, hebräisch zu sprechen, und sich im täglichen Umgang des Jiddischen bedienen, so daß der sakrale Charakter des Hebräischen bewahrt wird.

Ernst Simon, Bubers getreuester Schüler, meinte einmal ironisch: »Hebräisch sprechen heißt lästern.« Er hielt sich natürlich nicht an diese Maxime, er war Professor der Pädagogik an der Hebräischen Universität, aber ein Körnchen Wahrheit liegt in diesem Bonmot.

Israel ist und *bleibt* zwar das Volk der Erwählung, aber in seiner historisch-empirischen Erscheinung wird dieses sein Urbild immer wieder verdunkelt, durch individuelle und kollektive Assimilation an die Völker der Umwelt depraviert. Die Liturgie müßte da als Regulativ wirken und der Bundesgemeinde ihre ursprüngliche Berufung erlebbar machen. Auch dies bleibt allerdings eine Forderung, der die Wirklichkeit nicht ganz zu folgen vermag.

Der Gedanke der Erwählung Israels steht gleichsam zwischen Skylla und Charybdis. Die Skylla ist der ausgesprochene – oder meist unausgesprochene – Wunsch, allen Völkern gleich zu werden, die lästige Erwählung ad acta zu legen. Die Charybdis ist eine national-religiöse Hybris, die sich besser dünkt als alle anderen Völker. Zwischen diesen beiden Extremen wie Odysseus, der göttliche Dulder, hindurchzusegeln, ist immer wieder geboten.

Wer die Liturgie nicht nur mechanisch absolviert, sondern auf ihren Ideengehalt hin prüft, wird die rechte Haltung einnehmen, was nur selten geschieht.

Berufen und auserwählt

Im Matthäusevangelium (20,16 u. 22,14) findet sich das harte Wort Jesu: »Denn viele sind berufen, aber wenige sind auserwählt.«

An der ersten Stelle wird dieses Logion nur in Klammern angegeben, als Fortsetzung von »Die Ersten werden die Letzten sein«. Fridolin Stier läßt es an dieser Stelle weg, aber an der zweiten Stelle, Mt 22,14, ist es unumstritten. Es steht im Zusammenhang mit dem Hochzeitsmahl, zu dem der König einlädt, aber die Geladenen nicht erscheinen; deshalb werden wahllos andere geladen, von denen aber doch einer, der nicht festlich gekleidet ist, in die Finsternis geworfen wird.

Das Gleichnis hängt vermutlich mit der Erwählung Israels zusammen, das als erstes zum messianischen Mahl im Reiche Gottes geladen ist. Da aber, nach Auffassung des Evangeliums, Israel seine Berufung, die Einladung zum Reiche Gottes, nicht verstanden und befolgt hat, werden andere Völker zu der Agape Gottes geladen, aber auch unter ihnen finden sich Unwürdige.

Die Vorstellung vom großen messianischen Mahl ist Bestandteil der Aggada, des jüdischen Legendengutes.

Bei diesem Mahl wird das See-Ungeheuer, der Leviathan, verspeist, aus seiner Haut wird die Hütte des Friedens erstellt, und der uralte Wein vom Rebstock des Noah wird von den Gerechten getrunken.

»Die Ersten werden die Letzten sein.« Damit soll gesagt werden, daß Gottes Erstgeborener, Israel, nun an die letzte Stelle gerückt wird, da die Heiden sich bekehrten, zu jenem Sohn des Königs, für den das Hochzeitsmahl gerichtet wurde.

Dieses Gleichnis trägt paulinisch-johanneische Züge und läßt offenbar die ursprüngliche juden-christliche Gemeinde des Jakobus bewußt außer acht.

Diese Fragen neutestamentlicher Exegese sind für uns aber hier nicht von Relevanz. Es geht um die Frage der Erwählung Israels und anderer Völker. Zum Mahle des Königs sind, in zweiter Linie, alle geladen; in zweiter Linie, da Israel seine Erwählung (Einladung zum messianischen Mahle, das heißt zum Bundesmahl) nicht immer wahrgenommen hat. Das bildet auch ein Grundmotiv der Zorn- und Strafreden der Propheten, die im Gleichnis Jesu fortgesetzt werden.

Die Kirche versuchte als »Neues Israel« die Berufung für sich zu okkupieren, und in einer weiteren Phase der Geschichte versuchen auch verschiedene Völker den Erwählungsanspruch für sich zu requirieren.

In dem von mir zitierten Brief von Herrn Dr. Klaus Piper vom 21. Februar 1991 wird an den Erwählungsanspruch der anderen erinnert:

»Dabei ist natürlich festzustellen, daß es einen Auserwähltheitsglauben auch sonst gegeben hat und gibt: die nationalistischen Auserwähltheitsgefühle des 19. Jahrhunderts in Deutschland (viele Deutsche hielten sich für moralischer als die ›leichtfertigen‹ Franzosen).

Bei den Franzosen Auserwähltheit als kultureller Überlegenheitsanspruch usw.; der russische Messianismus bei Dostojewski und Tolstoj, und wohl auch bei Solschenizyn. Aber diese letzteren, nationalen Auserwähltheitsüberzeugungen sind als solche allein nicht geschichtsentscheidend gewesen, sondern haben mit anderen Elementen von Machtlagen usw. zusammengewirkt.

Zuletzt in aktueller Hinsicht natürlich auch die Frage,

wie sich geistig-jüdischer Messianismus, jüdische Einzigartigkeit, nicht nur zum christlichen, sondern auch vor allem zum arabisch-islamischen (verhängnisvollerweise auch mit starken Minderwertigkeitsgefühlen verbundenen) Sendungsbewußtsein verhalten.«

Man darf aber die Frage der Erwählung nicht mit dem Messianismus gleichsetzen. Erwählung und Messianismus sind nicht identisch.

Der Jerusalemer Alttestamentler Georg Fohrer hat mit Recht darauf aufmerksam gemacht, daß der Messianismus nicht zu den Grundelementen der hebräischen Bibel gehört, die nicht mehr als elf Prophetensprüche, die einen Messias verheißen, aufweist, wobei die Sprüche vom Gottesknecht in Deuterojesaja und die Vorstellung vom Menschensohn in Daniel 7 bewußt ausgeklammert sind. Die geringe Zahl macht von vornherein deutlich, daß die Messias-Erwartung keineswegs im Mittelpunkt der prophetischen Verkündigung stand (G. Fohrer, Studien zum Alten Testament, Berlin 1991, S. 164/65). Der Messianismus bleibt, so gesehen, randhaft, während der Gedanke der Erwählung Israels von zentraler Bedeutung ist.

Der Erwählungsgedanke bei anderen Völkern ist von nationalistischer Hybris gekennzeichnet.

Im wilhelminischen Deutschen Kaiserreich galt die Maxime: »Am deutschen Wesen mag die Welt genesen«, die Franzosen sprachen von »La grande nation«, und die Engländer stellten kühl fest: »British the Best.«

Am verhängnisvollsten zeigte sich das bei Hitler, der in seinen Tischgesprächen mit Rauschning bemerkte, es könne nicht zwei auserwählte Völker, die Juden und die Deutschen, geben und deshalb müsse das jüdische Volk verschwinden. Diese Wahnidee hat zu der furchtbaren Folge des Holocaust geführt, und dennoch konnte der satanische Plan der sogenannten »Endlösung« der Judenfrage, das heißt der physischen Ausrottung des jüdischen Volkes, nicht verwirklicht werden. Israel ging, »geläutert im Ofen der Leiden«, stärker hervor, als es ehemals war.

Die Errichtung des Staates Israel ist in diesem Zusammenhang zu sehen, sie zeigt den ganz anderen Tiefengang einer heilsgeschichtlichen Erwählung gegenüber einer nationalistischen Hypertrophie, die sich als Herrenvolk und Hochrasse empfand. Begriffe dieser Art haben sich mit dem geschichtlich immer wieder wirksamen Erwählungsgedanken Israels nie legitim verbunden.

Gegenwärtig ist im jüdisch-arabischen Konflikt die Erwählung Israels ein Politikum geworden, denn die Landverheißungen sind, wie schon betont, von der Erwählung Israels nicht zu trennen: das Land der Verheißung dem Volk der Erwählung.

Dabei übersehen moslemische Fundamentalisten, daß der Koran, ebenso wie das Neue Testament, die Erwählung Israels nicht bestreitet.

Im Neuen Testament betont Paulus, daß Gott seine Verheißungen nicht bereuen könne und die Juden daher als die Geliebten um der Väter willen zu gelten haben, selbst wenn sie Feinde des Evangeliums sind.

Der Koran anerkennt die Juden (und die Christen) als »Völker des Buches«, der Bibel, die die Verheißungen an Israel postuliert.

Man muß aber einräumen, daß Israel tatsächlich seiner Berufung nicht im vollen Sinne gerecht geworden ist. Das große Berufungswort des Deuterojesaja wurde vernachlässigt:

«Es ist nicht genug, daß du mein Knecht seist, die Stämme Jakobs aufzurichten und die Zerstreuten Israels wiederzubringen, sondern ich habe dich zum Licht der

Völker gemacht, daß du seist mein Heil bis zu den Enden der Erde.«

Es war Franz Rosenzweig, der nachdrücklich darauf aufmerksam machte, daß das Judentum seine Aufgabe als Licht der Völker nicht erkannt hat, so daß damit dem Christentum, durch die Mission des Paulus und seiner Nachfolger, der Weg der Heidenmission eröffnet wurde.

Man darf natürlich die geschichtlichen Umstände nicht außer acht lassen. Seit das Christentum unter Kaiser Konstantin zur Staatsreligion im römischen Imperium erhoben wurde, stand jüdische Mission unter Todesstrafe. Aber auch vorher und nachher hat das Judentum diese Aufgabe, die mit der Erwählung unlöslich verbunden ist, vernachlässigt.

David Ben-Gurion, dessen Lebenswerk als Vater des Judenstaates Israel es war, die Stämme Jakobs aufzurichten und die Zerstreuten Israels wiederzubringen, zitierte immer wieder die Stelle vom »Licht der Völker«. Er dachte dabei nicht an Mission im christlichen Sinne, sondern wollte einen Modellstaat schaffen, der für die Völker ein Beispiel rechter Lebensgemeinschaft darstellen sollte. Das hat sich nicht verwirklicht, aber auch der Auftrag geriet mehr und mehr in Vergessenheit.

Vor allem die jüdische Orthodoxie, die sich als Hüter des Heiligtums empfindet, zeichnet sich durch ein radikales Desinteresse an den anderen Völkern und Religionen aus. Wenn Israel aber seine Erwählung nicht im Sinne der Sendung begreift, steht es in Gefahr, in den Nationalismus und Chauvinismus anderer Völker zu verfallen. Die Orthodoxie legt den Akzent nur auf das Gesetz und übersieht dabei, daß die hebräische Bibel die prophetische Botschaft ins Zentrum rückt.

Es war der Prophet der Heiden, der Seher Bileam, der von König Balak von Moab gedungen wurde, das Volk

Israel zu verfluchen, es aber segnen mußte: »Ein Volk allein wohnend ist es, und sich nicht zu den Völkern rechnet« (Num 23,9).

Ist das Segen oder Fluch? Ist es nicht beides in ewiger dialektischer Spannung? Allein wohnend, isoliert durch erwählende Berufung – das hat das Judentum vor der Vermischung mit anderen Völkern und Religionen bewahrt und so seine Existenz durch die Jahrtausende garantiert. Andererseits hat diese Isolation zur permanenten Randspannung um den Juden, um die jüdische Gemeinschaft und endlich um den Staat Israel geführt.

Segen und Fluch sind in dem Bileam-Spruch von Urzeit her enthalten.

Es gab in neuerer Zeit einen Bileam unserer Tage. Er hieß Hans Blüher und schrieb zu Beginn der dreißiger Jahre seine Bücher, die von einer Verschwörung Israels gegen die christlichen Güter handelten und auch schon vorher eine Secessio judaica, eine Trennung von den Juden propagierten. Blüher mußte aber erkennen, daß das Dritte Reich, das die Vernichtung Israels zum Ziele hatte, den Aufstand gegen den heilsgeschichtlichen Willen Gottes darstellte. So wurde sein Wort, gegen die ursprüngliche Intention, zum Segenswort für Israel.

Blüher ist heute vergessen, aber die Gestalt des Fluchers, der segnen muß, hat sich in ihm erneuert.

Israel und die Völker dürfen durch die Erwählung Israels nicht heillos getrennt bleiben, sondern müssen erkennen, was der letzte der Propheten, Maleachi, uns einschärft: »Haben wir nicht alle *einen* Vater? Hat uns nicht *ein* Gott geschaffen? Warum verachten wir dann einer den anderen . . . ?« (Mal 2,10).

Der Prophet Maleachi bezieht sein Wort auf Israel und Juda, aber ich habe mir erlaubt, es sinngemäß und zeitgemäß auf Israel und die Völker zu beziehen.

Noch weiter ging der Schweizer Reformierte Theologe Leonhard Ragaz, der bereits in den zwanziger Jahren unseres Jahrhunderts, in seiner bahnbrechenden Schrift »Judentum, Christentum – Israel«, den Gedanken vertrat, daß Judentum und Christentum zusammen das größere Israel bilden sollten. Er dachte dabei ausdrücklich nicht an christliche Mission unter Israel, sondern betonte, daß die Juden bessere Juden und die Christen bessere Christen werden müßten, um das Israel Gottes in der Welt zu verwirklichen. Ragaz blieb aber ein einsamer Rufer in der Wüste des Konfessionalismus.

Mit der Monotonie der Wahrheit sagte und schrieb Ragaz in seinen Vorträgen, Büchern und in seiner Zeitschrift »Neue Wege« immer wieder, daß das Ziel der Heilsgeschichte das Reich Gottes für diese Erde sei. Diese Erkenntnis, die sich gegen eine Verlagerung der Hoffnung des Glaubens auf ein jenseitiges Himmelreich wandte, entspricht der Bibel beider Testamente. Das Reich Gottes ist, so gesehen, das Ende der Religionen und damit auch der Erwählung Israels, denn unter dem Königtum Gottes erstreckt sich die Erwählung auf alle, die gemeinsam am Reich des Friedens, der Gerechtigkeit und der Liebe bauen.

In der Ökumene der Kinder Abrahams, der nicht nur der Vater Israels, sondern vieler Völker sein sollte, mündet die Erwählung Israels in die Erwählung des neuen Gottesvolkes, das keine Grenzen kennt.

Erwählung im Zerrspiegel

Im Jahre 1602 erschien in Deutschland ein Buch unter dem Titel »Kurze Beschreibung und Erzählung von einem Juden mit Namen Ahasverus«. Den Erfolg dieses Volksbuches kann man daran ermessen, daß es noch im Jahr des Erscheinens mindestens zwanzig weitere Auflagen erfuhr. Allein in Deutschland kamen bis Ende des 17. Jahrhunderts 32 Auflagen heraus, und bis 1800 lag ihre Zahl schon über siebzig.

Kurze Zeit nach der Veröffentlichung in deutscher Sprache wurde das Volksbuch ins Französische, Englische, Holländische, Dänische, Schwedische und später ins Italienische und in andere europäische Sprachen übersetzt. Nirgends hat jedoch die Legende von Ahasver ein größeres Interesse erweckt als in Deutschland, wo es auch in Forschung und Dichtung weiterwirkte.

Ich entnehme diese Angaben dem Essai von Avram Andrei Baleanú, Die Geburt des Ahasver, erschienen in: Menora. Jahrbuch für deutsch-jüdische Geschichte 1991 (München 1991, Serie Piper, S. 15ff.).

Wer ist Ahasver? Wie kommt er in unsere Untersuchung über die Erwählung Israels?

Ahasver ist die Karikatur der Erwählung Israels, die Erwählung im Zerrspiegel des christlichen Antijudaismus.

Die in mehreren Versionen erhaltene Legende erzählt, daß Jesus, unter der Last seines Kreuzes ächzend, auf dem Wege nach Golgatha vor dem Hause eines Jerusalemer jüdischen Schusters, Ahasver oder Ahasverus, rasten wollte. Der unbarmherzige Hausherr aber verwehrte ihm diese kurze Atempause und verjagte den kreuztragenden Christus. Dieser sagte ihm: Ich gehe, du aber wirst warten, bis ich wiederkomme.

Damit ist der Fluch über den hartherzigen Juden verhängt, der noch der Kreuzigung Christi beiwohnt, aber nicht mehr in sein Haus zurückzukehren vermag. Seine Fluchwanderung durch die Welt beginnt, die bis zur Parusie Christi, seiner Wiederkunft auf Erden, anhalten muß.

Ich meine nun, daß hier die Erwählung Israels zum ewigen Bundesvolk Gottes negativ verzerrt vorliegt.

Wir haben betont, daß bei dem Bundesschluß bzw. der Bundeserneuerung am Sinai die Begegnung Israels mit dem Ewigen stattfand und das Volk durch diese Begegnung gleichsam mit Ewigkeit imprägniert wurde.

Diese Tatsache fiel natürlich auch den Wirtsvölkern der Juden auf. Immer verfolgt, immer geschlagen und gedemütigt, immer wieder vertrieben, blieben die Juden doch eine dauernde Größe in der Flucht der Erscheinungen. Christliches Verständnis oder Mißverständnis, geprägt vom Haß gegen die »Gottesmörder«, konnte sich dieses Phänomen nur unter dem Vorzeichen des Fluches verständlich machen. So entsteht der fluchbeladene ewige Jude. Ewiger Jude ist nur eine deutsche Bezeichnung, in anderen Versionen ist vom wandernden Juden die Rede. Im Endeffekt bleibt sich das jedoch fast gleich.

Wie wenig Verständnis für Juden und Judentum aus dieser haßerfüllten Legende spricht, geht schon aus der unsinnigen Wahl des Namens Ahasverus hervor. Dieser Name kommt in der Bibel nur im Buch Esther vor, wo der persische Großkönig, der als schwächlicher Lüstling geschildert wird, diesen Namen führt. In der rabbinischen Tradition gilt Ahasverus als Narr. Niemals hat daher ein Jude diesen Namen geführt, der für das Judentum völlig unbezeichnend bleibt. Das erinnert übrigens an Shakespeares Shylock, den hartherzigen Juden in der Komödie »Der Kaufmann von Venedig«. Auch der Name Shylock ist bei Juden völlig unbekannt, was nicht wundernehmen mag, da Shakespeare wohl kaum jemals einem Juden begegnet ist.

Namen wie Ahasverus und Shylock für Juden, für als typisch empfundene Juden, zeigen nicht nur den Haß gegen die Juden, sondern auch die totale Fremdheit gegenüber den Juden.

Ganz anders ist das natürlich bei Lessing, der seinen idealisierten Juden Nathan (der Weise) nennt, also mit einem Namen, der bei Juden tatsächlich häufig ist. Lessing kannte seinen Nathan in der Gestalt seines Freundes, des Berliner jüdischen Philosophen Moses Mendelssohn.

Aber zurück zu Ahasverus, dem ewig wandernden Juden.

Ich glaube nicht, daß es ein Zufall ist, daß diese Sagengestalt als Schuster verkörpert gezeigt wird.

Der Schuster verfertigt die Wanderschuhe, die für den ewig wandernden Juden das Symbol seiner Fluchwanderung darstellen, ähnlich wie das rastlose Schiff des Fliegenden Holländers, der gleichsam eine Parallele zu Ahasverus in der Volksphantasie bedeutet. Der Fliegende Holländer aber kann durch die Liebe erlöst werden. Das gilt nicht für den Juden, der dem Erlöser den kleinsten Liebesdienst verwehrt haben soll.

Hans-Joachim Schoeps hat in seiner Notiz über den ewigen Juden Ahasverus in »Religion in Geschichte und Gegenwart« (3. Aufl. Tübingen 1957) die Legende mit Mt 16,28 in Verbindung gebracht: »Wahrlich, ich sage euch: Es stehen etliche hier, die den Tod nicht schmekken werden, bis daß sie des Menschen Sohn kommen sehen in seinem Reich.« Dieses Logion Jesu ist positiv gemeint, wird aber in der Ahasverus-Sage, ebenso wie die Erwählung Israels, rein negativ interpretiert.

Ob die Sage vom ewigen Juden tatsächlich mit dieser eschatologischen Verkündigung Jesu zusammenhängt, bleibt für mich offen, würde sich aber an unsere Grundthese anschließen, der gemäß die Erwählung Israels – in christlicher Perspektive – sich in einen Fluch verwandelt.

Die Legende betont tatsächlich, daß Ahasverus Augenzeuge der Kreuzigung wurde und von diesem Augenblick an nicht mehr zur Ruhe gelangen kann.

Dem evangelischen Bischof von Eitzen habe er sich im Jahre 1542 während eines Gottesdienstes zu erkennen gegeben, wird berichtet. Ob es sich da um eine freie Erfindung oder um die Begegnung mit einem Scharlatan handelt, läßt sich nicht mehr ermitteln. Auch andere Erscheinungen des ewigen Juden wurden immer und immer wieder berichtet und haben die Phantasie von Schriftstellern bis in die neueste Zeit hinein angeregt. Allen diesen Episoden liegt die tatsächliche Begegnung mit Juden zugrunde, die immer und immer wieder auch dort auftauchten, wo Juden nicht mehr siedelten, sondern der kollektiven Vertreibung zum Opfer gefallen waren.

Aus dem wandernden Juden wurde der ewige Jude. Christliche Voreingenommenheit konnte in der Dauerkraft Israels nicht das Stigma der Erwählung erkennen, sondern münzte diese problematische Form des Segens Gottes in den Fluch des Gottessohnes um.

Die Phantasie der Dichter und Schriftsteller, auch der jüdischen, hat diese Gestalt immer wieder fasziniert. Im 19. Jahrhundert hat Eugen Sue in seinem Roman »Le

Juif errant« die Gestalt in Frankreich berühmt gemacht, und er regte wahrscheinlich Gustave Doré zu seiner bekannten Karikatur an, während der Bildhauer Antokolski, ein russisch-jüdischer Künstler, seinen Ahasver heroisch darstellte. Selbst Goethe hat 1773 das Fragment eines Epos »Der Ewige Jude« entworfen.

Von jüdischen Autoren, die sich des Themas annahmen, ist vor allem David Pinski zu nennen, der in seinem Drama »Der Ewige Jude« – unter Verwendung der talmudischen Legende von der Geburt und dem Verschwinden des Messias – den ewigen Juden auf der rastlosen Suche nach dem Messias durch die Welt wandern läßt. Dieses Drama wurde von der Habimah auch hebräisch aufgeführt. Es zeigt, wie jüdische Tradition ein antisemitisches Thema verwandelt.

Auch der Ahasver des antijüdischen Volksbuches ist auf der Suche nach dem Messias, dem Christus.

In neuester Zeit hat der in Ost-Deutschland lebende Autor Stefan Heym mit seinem Roman »Ahasver« (Berlin 1988) dem Thema neue Aktualität verliehen. Er sieht im ewigen Juden den ewigen Revolutionär, der immer wieder, nicht in passiver Sanftmut, sondern im Aktivismus für das Gute, die Welt zum Reiche Gottes hin zu verbessern sucht.

Jahrzehnte vor Stefan Heym hat Lion Feuchtwanger in seinem »Gespräch mit dem Ewigen Juden« vieles vorausgenommen, was sich erst nach dem Schicksalsjahr 1933 ereignen sollte. Typisch für Feuchtwanger, den geborenen Münchner, ist es, daß er dem ewigen Juden in einem Café im Hofgarten in München begegnet und mit ihm ein hintergründiges Gespräch führt.

Der ewige Jude bleibt ein ewiges Thema, da die Judenfrage offenbleibt und auch durch die Gründung des Staates Israel nicht gelöst werden konnte, ebensowenig wie durch den Kommunismus, der meinte, daß in einer klassenlosen Gesellschaft sich auch die Sonderstellung der Juden gleichsam von selbst lösen würde.

Die Judenfrage blieb ungelöst. Die Erwählung Israels konnte nicht aufgehoben werden, nicht durch Normalisierung im Staate Israel und nicht durch Sozialisierung in der Sowjetunion und anderen Staaten des Ostblocks.

Diese ungelöste Frage hat sich in der Gestalt des Ahasver personifiziert, die das Zerrbild der Erwählung darstellt, aber vor allem von jüdischen Autoren wiederum positiv reinterpretiert wurde.

Auch Juden, die zum Christentum neigen, haben die unlösbare Erwählung Israels erkannt, so der Psychotherapeut Karl Stern in seinem Bekenntnisbuch »The Pillar of Fire«, in welchem er die inneren Schwierigkeiten eines Übertritts zum Katholizismus schildert, da eine solche Konversion einen Übergang von dem Bund der Erwählung der hebräischen Bibel zum Neuen Bund der Erwählung, des Evangeliums, darstelle.

Am radikalsten hat diese Divergenz der Bünde der Dichter Franz Werfel erkannt, der in seinen Theologumena »Zwischen Oben und Unten« davon spricht, daß der Jude nicht in den Neuen Bund eintreten könne, da sein Platz in der Heilsökonomie im *Schatten* der Erwählung stehe, die vor dem Neuen Bund etabliert wurde und in Dauerkraft blieb.

Auch der jüdische Religionsphilosoph Franz Rosenzweig versuchte eine ähnliche Konzeption und Konstruktion. Er stimmte dem Wort aus dem Johannesevangelium zu, nach welchem niemand zum Vater kommt außer durch den Sohn. Aber Israel war ja schon beim Vater und bleibt daher im Status der Erwählung, während die Völker der Welt den Weg zu Gott erst über den Sohn, Jesus, einschlagen müssen.

Exegetisch bleiben alle diese Vorbehalte unhaltbar, denn das Evangelium wird »zunächst den Juden, aber auch den Griechen« verkündigt. Nach diesem Pauluswort (Röm 1,16) gibt es diese Vorbehalte nicht. Jesus selbst wandte sich an die Juden, sie an ihre Bundesverpflichtung der Erwählung erinnernd. Paulus versucht zunächst den Juden die Botschaft von dem ihm erlebbar gewordenen Heilsgeschehen zu vermitteln. Erst nachdem ihm dies mißlingt, wendet er sich an die Griechen, die Heiden. Für das nachchristliche Judentum aber bleibt, als das Heidenchristentum in die Geschichte tritt, die Erwählung Israels eines der Haupthindernisse für ein Aufgehen in der siegreichen militanten Kirche.

Erst heute setzt sich in christlicher Theologie mehr und mehr die Erkenntnis vom ungekündigten Bund Israels durch. Unabhängig vom Neuen Bund bleibt der Alte Bund bestehen, so daß sich für dieses Verständnis die Erwählung Israels mit dem Auftrag der Kirche an die Welt vereinen läßt.

Aus einer ähnlichen Schau ergibt sich das Phänomen der Judenchristen, die sich auch »Hebrew Christians«, »Messianische Juden« und »Juden für Jesus« zu nennen pflegen.

Getaufte Juden früherer Epochen haben mit der Taufe ihr Judentum liquidiert, waren oft erbitterte Feinde des Judentums. Man denke nur an den berüchtigten Pfefferkorn, der – als Sprecher der Dominikaner in Köln – vor Kaiser Maximilian gegen den deutschen Humanisten Reuchlin für die Verbrennung des Talmud agitierte. Solche Täuflinge wollten in ihrer Gestalt Ahasver auslöschen.

Heutige Judenchristen in Israel und in der Diaspora, vor allem in Amerika, wollen hingegen ihr Judentum bewahren, die ursprüngliche judenchristliche Gemeinde des Jakobus, der im Neuen Testament als Bruder des Herrn bezeichnet wird, erneuern. Die Gestalt des Ahasver gewinnt hier ganz neue Konturen. Nicht als der Fluchbeladene geistert er durch die Geschichte, sondern er steht als der Mahner in der Christusgemeinde im Sinne des Pauluswortes: »So überhebe dich denn nicht, denn die Wurzel trägt dich, nicht du trägst die Wurzel« (Röm 11,18).

Das neu wiedergewonnene jüdische Element wird so zum *Zeugen* der Erwählung Israels *innerhalb* der Gemeinde Jesu.

Alle diese theologischen Experimente zeigen und bezeugen, daß die Erwählung Israels ihre Aktualität bewahrte und durch den Schatten Ahasvers nicht ausgelöscht werden konnte.

Erwählung und Dichtung

Nicht nur die an sich negative Gestalt des Ahasver hat Dichter immer wieder inspiriert, auch die Erwählung Israels selbst ist, in mannigfacher Deutung, ein immer wiederkehrendes Motiv der Dichtung geblieben.

Mir scheint die herausragende Gestaltung dieses Themas in dem Drama »Jaákobs Traum« von Richard Beer-Hofmann (Wien 1866–New York 1945) gegeben zu sein.

Richard Beer-Hofmann war eine prägende Gestalt des literarischen Kreises »Jung Wien«, zu dem auch Arthur Schnitzler und Hermann Bahr gehörten, später Hugo von Hofmannsthal und Stefan Zweig. Hofmannsthal sah in Beer-Hofmann seinen Mentor und Meister, obwohl er selbst weit berühmter wurde als Beer-Hofmann, der durch seine Zurückhaltung nur mit wenigen Werken an die Öffentlichkeit trat.

Das Drama »Jaákobs Traum« ist 1918 als ein Vorspiel zu der »Historie von König David« erschienen, einem Zyklus, der nie vollendet wurde. Als Vorspiel zu der geplanten Trilogie »Der junge David«, »König David«, »Davids Tod« kreist »Jaákobs Traum« um die Erwählung Jaákobs, des Ahnherrn Davids. Beer-Hofmann hat wie kein anderer die Dialektik der Erwählung erkannt, in der sich Segen und Fluch ballen.

Die biblische Darstellung in der Genesis (Gen 28,12) von der Himmelsleiter, auf der die Engel hinauf- und hinabsteigen, wird bei Beer-Hofmann zu einem Streitgespräch der Engel, die Jaákob zur Annahme der Erwählung raten, während einer von ihnen, der düstere Samaél, ihm dringend abrät, solchen Segen zu akzeptieren. Die Erzengel Gabriel, Michael, Uriel und Raphael verherrlichen die Erwählung Jaákobs-Israels im Lobgesang:

»Ein Stamm, ein Volk, sprießt auf aus deinen Lenden:
Will es hindurch – so teilt sich ihm das Meer!
Durch weglos weite Wüsten weht, als Führer,
Gewölk und Glut des Herren vor ihm her...«

Gegenüber solchem Lobpreis des erwählten Volkes zeichnet Samaél das düstere Schicksal des späteren Judentums durch die Jahrhunderte; hohnlachend fällt er den Engeln ins preisende Wort:

»Er lädt dir auf, bis dir der Nacken bricht!
Man geißelt dich, du raffst dich auf – Er sieht es!
Verschmachtend schleppst du dich – Er duldet es,
Labt nicht den Gaumen, der dir röchelnd dorrt...
Er wird sich deiner nicht erbarmen!«

Ist in dieser Warnung Samaéls nicht der Holocaust vorausgesehen, die Tragödie der europäischen Juden im 20. Jahrhundert, die der Dichter selbst erleben mußte und die ihn zur Emigration zwang?

Auf die Warnung Samaéls antwortet der Engelsfürst Michael, losbrechend: »Lügner!« Und die Engel Gabriel, Uriel, Rapháel und drei weitere Engel antworten Samaél in einem empörten Aufschrei: »Du lügst!«

Helle und dunkle Stimmen vereinigen sich alle, um die furchtbare Warnung Samaéls Lügen zu strafen, da aber bricht mit einem Lichtstrahl hell eine milde Stimme, die Stimme Gottes, durch das Tosen, das vor ihr verstummt:

»Wahr ist Samaéls Wort!
Wenn andre, knieend, zum Erbarmer flehen,
Üb ich Erbarmen – wie der Herr am Knecht!
Doch du – sollst aufrecht vor dem Vater stehen,
Erbarmen – weig're ich! Fordere du – dein Recht!
Um meinen Namen magst du Un-Erhörtes dulden –

Doch, noch in Martern, fühl', daß ich – dich nie verwarf!
Ich will ja nur – mein Sohn – mich dir so tief verschulden,
Daß ich – zur Sühne – dich erhöh'n vor allen darf!«

Tiefer als Beer-Hofmann hat wohl keiner das Mysterium der Erwählung Israels gesehen. Die Martyriologie des jüdischen Volkes wird als eine Art Sühneleiden des Gerechten gesehen, der in die Tiefen der Schmerzen hinabgestoßen wird, um in die Höhen der Verklärung erhoben zu werden.

Diese Vorstellung ist dem Christen nicht fremd. Auch nach seinem Glauben wird der Sohn Gottes in die Qualen der Gottverlassenheit am Kreuz gestürzt, aber die Passion bleibt nicht das letzte Wort. Auferstehung und Verklärung (Himmelfahrt) Christi runden das Bild ab. Über dem Zeugnis des Neuen Testaments, das zum Archetypus der Anima christiana wurde, ist nur allzu oft der Prototypus Israel vergessen oder verdrängt worden. Israel, als der Erstgeborene Gottes, wird in die Abgründe von Leid und Gottverlassenheit gestürzt, um am Ende der Tage – nicht nur aus Gnade, sondern im Rechte göttlicher Wiedergutmachung – erhoben zu werden.

Hat diese Hoffnung, die der Dichter hier so eindringlich in deutsche Verse faßte, nicht in der Nacht von Auschwitz die Seele Israels am Leben erhalten, wenn auch sein Leib in Rauch aufging, wie es die Dichterin Nelly Sachs in ihrem Lied »Aus den Wohnungen des Todes« artikulierte?

Das Mysterium von Tod und Auferstehung, Grundakkord in Judentum und Christentum, bleibt dogmatisierte Glaubenserkenntnis im Christentum, aber – bis in die neueste Zeit hinein – erlebtes Schicksal Israels.

Ist es nicht ein unübersehbares Zeichen, daß solche

Wahrheit von Wesen und Schicksal Israels in reine deutsche Verse gegossen wurde? Kann man angesichts solcher Tatsache, in welcher dichterisches Wort an die Grenzen des prophetischen Wortes rührt, an der deutsch-jüdischen Symbiose noch zweifeln?

Ich vermag das nicht, meine, daß hier mehr ausgesagt ist, als theoretische Überlegungen vermitteln.

Ein deutsches Dichterwort bezeugt es:

»Ihr Äusserste von windumsauster klippe
Und schneeiger brache!
Ihr von glühender wüste!
Blond oder schwarz demselben schooss entsprungne
Verkannte brüder suchend euch und hassend
Ihr immer schweifend und drum nie erfüllt!«

Was Stefan George hier im »Stern des Bundes« (I. Buch) in seiner verhüllenden Sprache bezeugt, war ursprünglich sicher an seine jüdischen Jünger gerichtet, reicht aber weit darüber hinaus in die Problematik von Judentum und Deutschtum.

In der Dichtung Beer-Hofmanns über die Erwählung Israels, in deutschen Versen, dokumentiert sich in einer letztgültigen Fassung jener Dualismus, von dem George sprach.

Auch Franz Werfel (Prag 1890–Los Angeles 1945) hat in seinem Gedicht »Mysterium der Auserwählung Israels«, ähnlich wie Beer-Hofmann, das schwer lastende Schicksal des Gottesvolkes beschworen. Bei Werfel klingt gleichsam unterschwellig das Mysterium der Passion Christi mit an. Der Jude Franz Werfel fühlte sich von Jugend an zum Katholizismus hingezogen, hat aber nie den Schritt zur Taufe vollzogen. Nach seiner Auffassung muß der Jude im Schatten des Kreuzes verharren, darf nicht den Platz wechseln, der ihm in der Heilsökonomie angewiesen ist, im Szenarium der göttlichen Komödie.

Mysterium der Auserwählung Israels

Du warst im Unerschaffnen vorbereitet,
Bevor das Licht noch reif war meinem Ruf.
Dich hatte ich der Zeit schon eingezeitet,
Eh ich die Ungeduldige erschuf.
Aus der Gestirne Billionenherde,
Aus allen Wesenheiten, Stamm für Stamm,
Bestimmte ich die kleine kühle Erde
Und holte dich hervor aus Abraham.
Doch dir, dem ich mein erstes Wort gegeben,
Dir ließ ich frei, dem Wort zu widerstreben.

Wenn alle irrten, floß in deine Schriften
Ein loher Tropfen mit von *meiner* Schrift.
Ich gab dir auf, das Heil der Welt zu stiften,
Und diese Mitgift wurde dir zum Gift.
Doch du nur konntest tragen die Erschwerung,
Die meine Last dir auferlegte scharf,
Nur du erdulden jene Wertverkehrung,
Die dich mit allen Völkern überwarf.
Dein Leid zog mich herab wie Felsgesteine.
Du warst mein Kind. Drum wurde ich das deine.

Verborgen bin ich in dir umgegangen.
Nun gehst du selbst, der Welt verborgen, um.
Wie deine Dornen in die Stirn mir drangen,
So bist nun du der Dornen Eigentum.
Ich flehte nachts zu mir, daß ich es wende,
Nun lausch ich in den Nächten deinem Flehn.
Und dann ging ich den Leidensweg zu Ende,
Und du, auch du wirst ihn zu Ende gehn.
So oft du feig versuchst, ihn abzukürzen,
Muß ich dich in dich selbst zurückestürzen.

Doch habe Trost! Nur jene, die dich hassen,
Beschwören, daß dein Heil vergeudet sei,
Daß du gekündigt und in Schmach entlassen,
Als grauser Fortwurf wesest, vogelfrei.
Geschöpfen nicht, auch nicht den Engeln oben
Ward kundgetan in ihrem Strahlenchor,
Wozu du dreifach sein wirst aufgehoben,
Wenn der Atome letztes sich verlor,
Wenn die Posaune durch die Tiefen schauert,
Und du dein Überstehn hast überdauert.

Ich habe hier zwei Beispiele dichterischer Gestaltung der Erwählung Israels durch Autoren aus dem deutschen Sprachkreis ausgewählt. Es ließen sich noch viele andere Proben beibringen, aber in den zwei gewählten Beispielen zeigt sich der weite Bogen der dichterischen Interpretation der Erwählung Israels.

Beer-Hofmann sieht dieses Schicksal in Geschichte und Heilsgeschichte Israels selbst, für Werfel aber stellt sich dasselbe Mysterium in der Relation zur Botschaft des Neuen Testaments dar.

Wir müssen uns aber darüber klar sein, daß zwischen den Erkenntnissen inspirierter Dichter und der Banalität des jüdischen Alltags sich eine tiefe Kluft auftut.

Schicksal und Sendung Israels ist den Juden selbst oft am wenigsten bewußt. Der Assimilationsjude im 19. und 20. Jahrhundert hat die Erwählung Israels nur noch als eine Quantité negligeable empfunden, die ihn in eine Position des jüdischen Selbsthasses hineinmanövrierte. Der jüdische Witz der sich selbst Verlachenden ist Ausdruck dieser Verkennung eigener Wesenheit.

In einer Situation von Enttäuschung und Resignation meinte die große jüdische Dichterin deutscher Sprache, Else Lasker-Schüler, im Gespräch in Jerusalem: »Wenn sich die Juden schlecht benehmen, erwählt Gott vielleicht ein anderes Volk.«

Else Lasker-Schüler (Elberfeld 1869–Jerusalem 1945) stellte ihrerseits eine echte Synthese von Judentum und Deutschtum dar. Ihr Jugendfreund, Peter Hille, ein Berliner Bohemien, nannte sie den Schwarzen Schwan Israels, und Gottfried Benn sah in ihr die größte deutsche Dichterin seit Annette von Droste-Hülshoff. Sie sah intuitiv, mit tiefer Besorgnis, die Vergänglichkeit der Erwählung Israels. Schon in ihren ersten »Hebräischen Balladen« (1913) sang sie in ihrem berühmtesten Gedicht »Mein Volk«:

»Der Fels wird morsch, dem ich entspringe
Und meine Gotteslieder singe.«

Den Zusammenstoß von Traum und Wirklichkeit empfand sie tragisch, gerade in Jerusalem, das sie visionär als das himmlische erblickte und nun in Kollision mit der Banalität des Alltags in dieser zweidimensionalen Stadt erleben mußte.

In der schlichten Sprache des Umgangs mit vertrauten Menschen drückte sie aus, was Martin Buber in einem Essay über die Erwählung Israels zusammenfaßte:

»Aber Israel ist nur erwählt, wenn es die Erwählung verwirklicht. Und doch – das ist das trostreiche Paradox dieser Existenz – nie der Verwerfer aufhört, der Erwähler zu sein. Neuer Bund soll einst zwischen Gott und dem Hause Israel geschlossen werden (Jer 31,30–33), der den Widerspruch der störrischen oder lässigen Herzen überwindet. ›Ich gebe meine Weisung in ihr Innres/ auf ihr Herz will ich sie schreiben/ so werde ich ihnen zum Gott/ und sie werden mir zum Volk.‹«

Was die Dichterin intuitiv erkannte, erarbeitet der Denker exegetisch in seiner »Befragung der Bibel«, geht aber über die Unzulänglichkeit der Geschlechter Israels in die Unwandelbarkeit der Erwählung durch eschatologische Ausblicke und Introversion des Erwählungsgedankens.

Nur durch die Wandlung der Herzen kann die Erwählung verwirklicht, realisiert werden. Das ist die Hoffnung des Glaubens, die oft so schwer zu bewahren bleibt angesichts der Realität, auch und gerade in der Gegenwart der geschehenden Geschichte.

Blick auf die Tradition

Die talmudische Tradition des nachbiblischen Judentums blieb sich der Divergenz zwischen verheißener Erwählung und aktualer Realität voll bewußt und sah daher im leidenden Gottesknecht des Deuterojesaja die Personifikation der Erwählung:

»Siehe, das ist mein Knecht – ich halte ihn – und mein Auserwählter, an dem meine Seele Wohlgefallen hat. Ich habe ihm meinen Geist gegeben; er wird das Recht unter die Völker bringen. Er wird nicht schreien noch rufen, und seine Stimme wird man nicht hören auf den Gassen. Das geknickte Rohr wird er nicht zerbrechen, und den glimmenden Docht wird er nicht löschen. In Treue trägt er das Recht hinaus. Er selbst wird nicht verlöschen und nicht zerbrechen, bis er auf Erden das Recht aufrichtet; und die Inseln warten auf seine Weisung« (Jes 42,1–4).

Der erwählte Knecht wird hier in seiner Gewaltlosigkeit als der Verkündiger von Gottes Recht dargestellt, was in der christlichen Exegese auf Jesus von Nazareth bezogen wurde, in der jüdischen Tradition aber auf das Volk Gottes: »Das Volk, das ich mir bereitet habe, soll meinen Ruhm verkündigen« (Jes 43,21).

Das Wort des unbekannten Trösters aus exilisch-nachexilischer Zeit, den wir den Deuterojesaja nennen, stimmt überein mit der klaren Definition Israels als Eigentumsvolk Gottes: »Denn du bist ein heiliges Volk dem HERRN, deinem Gott. Dich hat der HERR, dein Gott, erwählt zum Volk des Eigentums aus allen Völkern, die auf Erden sind« (Deut 7,6).

Den Lehrern des Talmuds konnte es aber nicht verborgen bleiben, daß diese großartige Vision mit einer überaus mißlichen Lage der Juden verbunden war und blieb, und so entstand das Oliven-Gleichnis: Die Olive gibt ihr köstliches Öl nur, wenn sie gestoßen und gepreßt wird (Ex. Rabba 26). Ähnliches ließe sich über den Wein sagen, der nur aus der gepreßten Traube fließt.

In einer anderen rabbinischen Sentenz wird die Armut als der Schmuck Israels bezeichnet (b. Chagiga 9b.). Hier berührt sich eine talmudische Wertung mit dem franziskanischen Ideal der Armut, der Rilke in seinem berühmten Wort Ausdruck gab: »Armut ist ein großer Glanz von Innen.«

An sich ist diese problematische Idealisierung der Armut kein jüdisches Ideal, sie wird aber im Sinne der Apologetik an der zitierten Stelle im Traktat Chagiga herangezogen. Armen und geschundenen Juden konnten solche Worte der Tradition zu Trostsprüchen werden, aber je stärker der Wunsch wurde, zu werden wie alle Völker, desto weniger wirkten sie in der Nacht der Verbannung und der Leiden, wurden als »Opium für das Volk« zurückgewiesen.

Der katholische Theologe Karl Thieme, Mitherausgeber der »Freiburger Rundbriefe« von Gertrud Luckner, die der Verständigung von Judentum und Christentum dienen, bemerkte einmal (in einem Brief an mich): »Die Juden sind geistlich tot.« Ich mußte ihm bedingt zustimmen, meinte aber, es handele sich um einen Scheintod, und es sei immer wieder mit dem geistlichen Erwachen zu rechnen, was sich in letzter Zeit tatsächlich, wenn auch problematisch, zeigt.

Der Gradmesser für die geistliche Lebendigkeit Israels ist sein Bewußtsein der Erwählung, seiner Teilhabe am ungekündigten Bund.

Kaufmann Kohler (Fürth 1843–New York 1926), der Rektor des Reform-Rabbinerseminars »Hebrew Union College« Cincinnati, Ohio, war, eröffnet das Kapitel über »Israels Erwählung zum Gottesvolk« in seinem »Grundriß einer systematischen Theologie des Judentums auf geschichtlicher Grundlage« (Leipzig 1910) mit der Feststellung:

»Der Schwerpunkt der jüdischen Glaubenslehre und der eigentliche Schlüssel zum Verständnis des Wesens des Judentums liegt in dem Glaubenslehrsatz: ›Gott hat Israel zu seinem Volke erwählt‹. Die Lehre von der Auserwähltheit Israels als Gottesvolk, oder, was dasselbe ist, als das Volk, dessen ureigenster Beruf und Daseinszweck es ist, Träger der höchsten Religionswahrheit in der Menschheitsgeschichte zu sein, bildet die Grundlage und Grundbedingung der Offenbarung.«

So richtig diese Feststellung im Sinne einer systematischen Theologie des Judentums ist, so wenig entspricht sie der Wirklichkeit. Empirisch läßt sich eine gegenläufige Bewegung feststellen: Das Judentum hat weithin dieses Erwählungsbewußtsein verdrängt oder verloren.

Das orthodoxe Judentum hat de facto auf die Sendung Israels verzichtet, befaßt sich vorwiegend nur mit der Halacha, dem rabbinischen Gesetz, welchem nur innerjüdische Relevanz zukommt. Das assimilatorische Judentum verspürte keinen gleichsam missionarischen Auftrag mehr, wollte die Inkulturation durch Angleichung an die Umwelt erzielen. Der Zionismus suchte die nationale Emanzipation des jüdischen Volkes im Sinne einer modernen Nationalbewegung, die in der Zielsetzung des heute realisierten Judenstaates kulminierte. Auch die in Ost-Europa einst starke jüdische Volksbewegung, die in der Organisation »Bund« ihren Ausdruck fand, war frei von Erwählungs- und Missionsbewußtsein.

In der neu-hebräischen Literatur wurde Josef Chajim Brenner (Ukraine 1881–Jaffa 1921), der als Opfer des arabischen Terrors fiel, zum Wortführer einer Lossagung von der Erwählung Israels. Er propagierte die Lösung von der »Diktatur der vierundzwanzig Bücher«, worunter das Alte Testament, die hebräische Bibel, zu verstehen ist.

In Fortsetzung seiner Intentionen bildete sich um die Zeit der Staatsgründung 1948 die Gruppe der Kanaaniter, die sich nicht mehr als Juden, sondern als Hebräer bezeichneten, jede Sonderstellung Israels als Gottesvolk der Erwählung verwarfen und sich allein auf den pansemitischen Charakter des jüdischen Volkes im Lande Israel, Kanaan, bezogen; sie wollten das Hebräertum im Lichte seines Ursprungs sehen, im Zusammenhang mit den Ureinwohnern Kanaans.

Diese utopischen Bemühungen lösten gegenläufige Bewegungen einer Rückkehr zur Tradition aus, aber im Sinne eines engen Gesetzesjudentums.

Die Konzeption des Erwählungsbewußtseins, verbunden mit dem existentiellen Missionsauftrag Israels, fand, so weit ich sehe, ihren Ausdruck bei Denkern eines deutschen Judentums vor der Katastrophe des Dritten Reiches.

Kaufmann Kohler betont in Fortführung des Gedankens der grundlegenden Bedeutung der Erwählung Israels für das Selbstverständnis des jüdischen Volkes, daß diese Erwählung nicht nur von biblisch-historischer Relevanz sei, sondern ontologisch und eschatologisch verstanden werden wolle:

»So ist denn auch die Erwählung Israels nicht etwa als eine einmalige oder einstmalige Gottestat anzusehen, die etwa mit der Offenbarung oder der biblischen Zeit abgeschlossen wäre, sondern viel mehr als eine durch alle Zeiten und Länder fortdauernde göttliche Berufung, als eine fortgesetzte Wirksamkeit des Geistes, der sich stets von neuem seine Herolde und Helden erkor, die dem Wahren, Rechten und Hohen mit einer Todesverachtung ohnegleichen das Wort liehen und das Leben weihten. Darin unterscheidet sich ja das Judentum von allen anderen Religionen, daß es weder die Schöpfung *eines* großen Sittenlehrers und Wahrheitskünders ist, noch daß es die Sittengröße und den Seelenadel, die es entfalten will, bloß an *einem* Vorbilde veranschaulicht, um es dann ins Reich des Übermenschlichen hinauszuheben, sondern daß es seine Propheten, seine Lehrmeister und Märtyrer nach Generationen zählt und seine religionbildende und -umbildende Kraft immer von neuem betätigt hat und betätigen will. Auch will das Judentum die Religion nicht vom Leben trennen und nur einen Bruchteil vom Volksleben und Volksganzen als heilig angesehen wissen. Das *ganze* Volk, das *ganze* Leben soll den Stempel der Heiligkeit tragen, von priesterlicher Weihe erfüllt und getragen sein. Ob dieses hohe Ziel je erreicht worden oder erreicht werden wird, das ist eine Frage, über die nur Gott, der Lenker der Zeiten, nicht menschliche Kurzsichtigkeit entscheiden kann; genug, an diesem Ideal soll sich das Leben des Einzelnen wie des Volkes erheben.«

Der Verfasser selbst ist sich der idealistischen Überspannung des Bogens bewußt und macht daher die Einschränkung, daß die Realität solcher Zielsetzung nie standhalten könne. Israel ist so gesehen ein überfordertes Volk, das empirisch an der Zielsetzung scheitert, aber dennoch immer wieder aus seiner Berufung neue Hoffnung schöpft.

Ich erinnere mich eines komischen Anrufs nach der wunderbaren Beendigung des Sechs-Tage-Krieges 1967, der die Wiedervereinigung Jerusalems zur Folge hatte.

Eine Jerusalemer Ärztin, bewußte Agnostikerin, rief mich an: »Jetzt glaube ich doch, daß wir ein erwähltes Volk sind.«

Der bedeutende Denker des deutschen Judentums um die Jahrhundertwende, der Marburger Begründer der Neukantianischen Schule, Hermann Cohen (Coswig 1842–Berlin 1918), hat in seinem posthum erschienenen Werk »Religion der Vernunft aus den Quellen des Judentums« (Berlin 1919) im 9. Kapitel »Das Problem der religiösen Liebe«, Abschnitt 10, das Problem der Erwählung Israels in seinen Begriff der Humanität zu integrieren versucht:

»Jetzt aber ist es notwendig, die Gottesliebe zu Israel von dem Verdachte zu reinigen, als ob sie eine Anomalie bildete gegen die ausnahmslose allgemeine Menschenliebe Gottes. Gott liebt nicht Israel mehr und anders als die Menschen überhaupt, geschweige daß die Liebe zu Israel die zu dem Menschengeschlechte einschränken und beeinträchtigen könnte. Gott liebt in Israel nichts anderes als das Menschengeschlecht. Israel ist sein Eigentum (Segula), oder wie man das hebräische Wort sonst übersetzen mag, nur als Vorbild, als Symbol der Menschheit, eine Auszeichnung innerhalb ihrer, denn nur der Monotheismus vermag die Menschheit zu konstituieren. Das ist die Grundlehre. Israel ist das heilige Priestervolk des Monotheismus. Israel ist nicht ein Volk, wie die andern Völker.«

Cohen verwickelt sich hier offenbar in einen Widerspruch. Einerseits erklärt er, daß Gott die Menschheit gleichermaßen liebt, andererseits aber muß er doch die biblische Konzeption des Eigentumsvolkes Gottes akzeptieren und integrieren und bleibt bei der deuteronomistischen Auffassung vom Priestervolk. Man spürt, wie schwer es dem Humanisten wird, die Erwählung Israels in sein System einzubauen, wobei er sein so oft gebrauchtes Leitwort der Korrelation – hier ungenannt – anklingen läßt. Die Korrelation zwischen Gott und Mensch erfährt hier in dem Akzent, der auf Israel zu setzen ist, eine Spezifizierung, die dem Autor offenbar große Mühe macht.

Die Darstellung des Judentums durch Hermann Cohen ist von der latenten Gefahr einer Auflösung der Religion in Ethik bedroht, obwohl sich Cohen dessen bewußt blieb, daß Religion und Ethik nicht identisch vom Ursprung her sind, es wohl aber in der Zielsetzung bleiben.

Auf dem Bileam-Spruch (Num 23,9) basierend: »Ein Volk allein wohnend ist es, und unter die Nationen rechnet's sich nicht«, entwickelt Cohen anschließend eine Theologie der Leiden als Stigma Israels (leidender Gottesknecht) und betont die Notwendigkeit der Staatenlosigkeit Israels. So gesehen wird es theologisch einsichtig, daß Cohen den Zionismus radikal ablehnte. Bekannt ist sein Wort über die Zionisten: »Die Kerle wollen glücklich sein.«

Diese theologische Vertiefung kam natürlich dem Willen zur Assimilation der deutschen Juden entgegen, die sich als »deutsche Staatsbürger jüdischen Glaubens« durch Cohen und seine Schule bestätigt fanden, wenn auch nur wenige das posthume Werk des Philosophen kannten.

Auch Leo Baeck (Lissa 1873–London 1956), der letzte große deutsche Rabbiner, der aus Berlin 1943 nach Theresienstadt deportiert wurde, gehörte ursprünglich der Schule Cohens weitgehend an. In seinem Hauptwerk »Das Wesen des Judentums« (ursprünglich 1906 erschienen, Neuauflage Köln 1960) ist der Erwählung Israels kein eigenes Kapitel gewidmet. Das Schicksal aber belehrte Baeck, der in Theresienstadt, unter den schwierigsten Bedingungen im KZ, ein noch in Berlin begonnenes Buch »Dieses Volk. Jüdische Existenz« vollendete, das nach dem Kriege, Frankfurt 1955, erschienen ist. Als Motto setzte er das Wort über die Erwählung Israels: »...dieses Volk, das Ich mir gebildet habe, Meinen Ruhm wird es künden« (Jes 43,21).

Das im KZ aller Menschenwürde entkleidete Israel offenbarte sich ihm als das Volk der Erwählung in der Paradoxie jüdischer Existenz:

»Wieder hängt hier beides zusammen: je mehr dieses Volk dessen gewiß wurde, daß alles menschliche Dasein auf Erden, die Existenz aller Völker auch, von einer höheren Welt her bestimmt ist, desto mehr gewann es das Gehör für seine Berufung und den Mut zu seiner besonderen Existenz. Den geschichtlichen Lebensweg, den es gehen sollte, konnte es gehen, nur weil es über jedes eigene Hier und jedes eigene Heute hinausblickte, in die Räume und Zeiten hinaus. Nicht aus einer geistigen Begabung nur, und nicht nur aus einer Fähigkeit zur Betrachtung, sondern eben unmittelbar aus einem sittlichen Lebenswillen kam diese Erkenntnis hervor. Nur durch ihn waren die Menschen dieses Volkes dem gewachsen, daß sie immer als die Anderen und als die Minderheit auf Erden dastanden und daher mehr als Gemeinschaften sonst der Geschichte ausgesetzt waren. Eine Veränderung der geschichtlichen Lage, ein geschichtlicher Druck traf sie stärker und empfindlicher als Menschen sonst. Kaum je durfte eine Zeit hier ein Behagen des Angelangtseins oder die Umhegtheit der Gegenwart ganz empfinden. Leben und Denken in der Geschichte wurden hier immer wieder ein Anspruch, der sich an den Menschen stellte. Eine Dynamik ergriff ihn.«

Auch Leo Baeck entwickelt im Zusammenhang mit der Erwählung Israels eine Theologie der Leiden, die in

Eschatologie mündet, so die Unbilden der Gegenwart relativierend. Man muß diese Haltung auf dem Hintergrund der Entwürdigung in Theresienstadt sehen – und bewundern.

Baeck sah in den Juden die Nonkonformisten der Weltgeschichte. Das ist eine negative Umschreibung der Erwählung Israels. Im Ofen der Leiden (Jes 48,10) geläutert, wird die Berufung Israels sichtbar und erlebbar, das unter der Verheißung steht, die ich hier in der Übersetzung Baecks zitieren will. Sie bildet den Schluß seines Buches »Dieses Volk«:

»Sicherlich die Berge werden weichen und die Hügel wanken, aber meine Liebe wird nicht von dir weichen, und der Bund meines Friedens wird nicht wanken, so spricht, der sich dein erbarmt, Er, der ist« (Jes 54,10).

Mit einer Schlußbemerkung reduziert allerdings Baeck das Wort aus dem Deuterojesaja: »Das ist das Gesetz und Gnade wie für dieses Volk, so für alle.«

Das »so für alle« ist jener liberale Zusatz, der dem prophetischen Wort nicht mehr ganz entspricht, denn der ewige Friedensbund ist dem erwählten Volk verheißen, nicht eigentlich allen Völkern, wie es im Sinne von Baeck und Cohen beschlossen liegt, in jener großzügigen Auffassung, die selbst durch die Tragödie des Holocaust nicht geändert wurde.

Die Reihe der Denker des deutschen Judentums sei hier mit Franz Rosenzweig (Kassel 1886–Frankfurt a.M. 1929) beschlossen. Rosenzweig war ein direkter Schüler von Hermann Cohen und wurde in späteren Jahren von Leo Baeck mit dem Morenu-Titel, im Sinne eines rabbinischen Lehrers, ausgezeichnet.

Rosenzweigs Hauptwerk »Der Stern der Erlösung« (Frankfurt a.M. 1921) stellt seine Abkehr von der Hegelschen Dialektik dar, begründete jenes »Neue Denken«, einen dialogischen Existentialismus, der in die Nähe Bubers führte. Mit diesem zusammen schuf Rosenzweig die Übersetzung des Alten Testaments, »Verdeutschung der Schrift« genannt, die einen ganz neuen Weg zum Verständnis der hebräischen Bibel eröffnete.

Rosenzweig war wohl der erste jüdische Religionsphilosoph, der Judentum und Christentum als völlig gleichberechtigte Partner der Gotteserkenntnis sah. Aus dieser Relation heraus ergibt sich sein Erwählungsverständnis Israels.

Ich will dafür den berühmten Brief vom Jahre 1913 zitieren, den Rosenzweig an seinen Vetter Rudolf Ehrenberg richtete. Ehrenberg war bereits zum Christentum übergetreten und wollte nun Rosenzweig zu demselben Schritt motivieren. Beide jungen Männer waren in ihrer Assimilation an deutschen Geist und deutsche Umwelt so fortgeschritten, daß dieser letzte Schritt nahe lag.

Nun aber hatte sich Rosenzweig, motiviert durch ein jüdisches Glaubenserlebnis am Versöhnungstag 1913, anders entschlossen. Er schrieb an Ehrenberg:

»Ich muß Dir mitteilen, was Dich bekümmern und, zunächst mindestens, Dir unbegreiflich sein wird; ich bin in langer und, wie ich meine, gründlicher Überlegung dazu gekommen, meinen Entschluß zurückzunehmen. Es scheint mir nicht mehr notwendig und daher, in meinem Fall, nicht mehr möglich. Ich bleibe also Jude.«

In dem für unsere Thematik entscheidenden Schlußabschnitt dieses Schicksalsbriefes heißt es:

»Was Christus und seine Kirche in der Welt bedeuten, darüber sind wir einig: es kommt niemand zum Vater denn durch ihn. Es *kommt* niemand zum Vater – anders aber wenn einer nicht mehr zum Vater zu kommen braucht, weil er schon bei ihm *ist*. Und dies ist nun der Fall des Volkes Israel (nicht des einzelnen Juden).«

In diesem Schlußsatz kulminiert Rosenzweigs Erkenntnis von der Erwählung Israels. Es ist, als Volk, bereits beim Vater, *ehe* der Weg über die Gestalt Jesu gewiesen wurde.

Diese Aussage läßt sich zwar exegetisch nicht halten, denn die Verkündigung des Evangeliums gilt »*zunächst* den Juden, aber auch den Griechen«. Was exegetisch nicht haltbar ist, bleibt es aber dennoch existentiell, und das entspricht dem Neuen Denken.

Die Erwählung Israels besteht also darin, daß es im Alten Bund jene Station bereits erreicht hat, die der Heidenwelt sich erst in der Christus-Botschaft eröffnet. Rosenzweig zieht aus dieser Erkenntnis den Schluß, ähnlich wie Cohen, daß das jüdische Volk, aus Politik und Geschichte ausgeklammert, sich nur in der Heilsgeschichte zu konkretisieren hat. So lehnte auch Rosenzweig den politischen Zionismus ab, da er den aktiven Eingriff Israels in den Raum von Politik und Geschichte darstelle. Er befaßte sich daher im »Stern der Erlösung« mit der Möglichkeit, das Reich (Gottes) zu erbeten, nicht aber mit der Gründung eines irdischen Judenstaates. Man muß allerdings bedenken, daß Rosenzweig vier Jahre vor Ausbruch des Dritten Reiches jung verstorben ist, nach einer heldenhaft ertragenen langen Lähmung, und so nicht mehr erlebte, wie Israel in die Geschichte hineingezwungen wurde und realpolitisch reagieren mußte. Daß diese Entwicklung weithin auf Kosten eines metahistorischen Erwählungsbegriffes gehen mußte, wird in einem weiteren Kapitel darzustellen sein.

Die gleichsam esoterische Haltung Rosenzweigs wurde sogar nach 1933 noch von Hans-Joachim Schoeps (Berlin 1909–Erlangen 1980) fortgeführt, der seine jüdisch-theologische Haltung mit einem »Bereit für Deutschland« verband und keine Säkularisierung Israels als des erwählten Zeugen Gottes akzeptieren konnte.

Ich erwähne Schoeps, der bis 1938 in seiner Vaterstadt Berlin lebte, dann nach Schweden in die Emigration ging, sofort nach Kriegsende aber nach Deutschland zurückkehrte und in Erlangen Dekan für Religions- und Geistesgeschichte wurde: Er war, soweit ich sehe, der letzte Vertreter einer jüdischen Theologie, der die Erwählung Israels mit einer Suspendierung des jüdischen Volkes von politisch-historischer Aktivität verband, so Denkanstöße Rosenzweigs weiterführend.

In seinem Jugendwerk »Jüdischer Glaube in dieser Zeit« (Berlin 1932) spricht Schoeps ganz unbefangen von der »Sendung des Gottesvolkes Israel«. Er verband diese Bejahung des erwählten Gottesvolkes mit einer preußisch-nationalen Haltung, sah darin keinen Widerspruch, da er hier eine Doppelbödigkeit erkannte: Israel auf der heilsgeschichtlichen Ebene, Preußentum auf der geschichtlichen. Selbst die furchtbare Belehrung durch den Holocaust konnte diese existentielle Haltung nicht verändern.

Die Beispiele der Haltung jüdischer Denker im 20. Jahrhundert habe ich aus dem deutschen Sprachkreis gewählt, aber natürlich ließe sich das auch auf das Judentum in anderen europäischen Ländern, und vor allem in Amerika, erweitern. Die jüdische Reformbewegung, etwa in England und in den Vereinigten Staaten von Amerika, wollte zunächst nur ein Judentum akzeptieren, das rein religiös, ja sogar konfessionell interpretiert wurde und daher die Erwählung Israels vom Volksbegriff trennte.

Durch die Tragödie des Dritten Reiches einerseits und die Staatsgründung Israels andererseits erfuhr aber diese

Konzeption eine Revision, so daß der Volksbegriff, der vorher in unserem Jahrhundert nur von den Zionisten festgehalten wurde, in die Synagoge wieder Einlaß erfuhr.

Die zionistische Ideologie klammerte gern den Erwählungsbegriff zugunsten einer Normalisierung aus, nur der Kulturzionismus, vertreten von Achad Ha-Am und Martin Buber, bewahrte den Erwählungsbegriff, freilich umgemünzt in einen hebräischen Humanismus.

Die jüdische Orthodoxie bewahrte das Erwählungsbewußtsein, aber unter Verzicht auf den Missionsauftrag, so daß die Erwählung nur auf die Einhaltung der Israel allein aufgetragenen Gebote reduziert wurde.

Im Staat Israel ergab sich ein neues Verständnis, das keineswegs unproblematisch blieb, da hier theologische und politische Konzeptionen eine unlösbare Amalgamierung erfuhren, von der später noch die Rede sein wird.

Israel und die Kirche

Jahrhundertelang hat die Kirche die Erwählung Israels bestritten, indem sie betonte, daß die Erwählung auf sie selbst, das »Neue Israel«, übergegangen sei, nachdem das Alte Israel die in Jesus Christus angebotene Gnade verworfen habe. Die Juden wurden als Gottesmörder perhorresziert, wobei ferner das polemische Wort aus dem Johannesevangelium »Ihr habet den Teufel zum Vater« (Joh 8,44) herangezogen wurde. Die klaren Aussagen des Paulus in der Perikope Römerbrief 9–11 wurden übersehen oder verdrängt. Paulus statuiert hier klar, daß die Erwählung Israels nie annulliert wurde, daß Gott seine Verheißungen nicht bereuen könne und die Juden daher die Geliebten um der Väter willen bleiben, selbst wenn sie Feinde um des Evangeliums willen sind.

Erst das Zweite Vatikanische Konzil (Rom 1962–1965) stellt hier eine Wende um 180 Grad dar. Vorbereitet durch Papst Johannes XXIII., fortgeführt unter seinem Nachfolger Paul VI., hat das Konzil in verschiedenen Erklärungen den Antijudaismus der Römischen Kirche revidiert und sich klar zum ungekündigten Bund der Erwählung Israels bekannt.

Ich zitiere hier die in Frage kommenden Konzilstexte nach Karl Rahner und Herbert Vorgrimler, Kleines Konzilskompendium. Sämtliche Texte des Zweiten Vatikanums (Freiburg 1966).

Wir beginnen mit der dogmatischen Konstitution über die Kirche »Lumen gentium«, wo es im 2. Kapitel, Artikel 9, über »Das Volk Gottes« heißt:

»So hat Gott sich das Volk Israel zum Eigenvolk erwählt und hat mit ihm einen Bund geschlossen und es Stufe für Stufe unterwiesen. Dies tat er, indem er sich und seinen Heilsratschluß in dessen Geschichte offenbarte und sich dieses Volk heiligte.«

Hier zeigt sich eine neue Anerkennung des Charakters der Erwählung Israels, wie wir sie in früheren Konzilstexten durch die Jahrhunderte nicht kannten.

Die größte Berühmtheit hat die Erklärung über das Verhältnis der Kirche zu den nichtchristlichen Religionen »Nostra aetate« erlangt, wo das Konzil in Artikel 4 konstituiert:

»Bei ihrer Besinnung auf das Geheimnis der Kirche gedenkt die Heilige Synode des Bandes, wodurch das Volk des Neuen Bundes mit dem Stamme Abrahams geistlich verbunden ist.

So anerkennt die Kirche Christi, daß nach dem Heilsgeheimnis Gottes die Anfänge ihres Glaubens und ihrer Erwählung sich schon bei den Patriarchen, bei Moses und den Propheten finden. Sie bekennt, daß alle Christgläubigen als Söhne Abrahams dem Glauben nach in der Berufung dieses Patriarchen eingeschlossen sind und daß in dem Auszug des erwählten Volkes aus dem Lande der Knechtschaft das Heil der Kirche geheimnisvoll vorgebildet ist. Deshalb kann die Kirche auch nicht vergessen, daß sie durch jenes Volk, mit dem Gott aus unsagbarem Erbarmen den Alten Bund geschlossen hat, die Offenbarung des Alten Testamentes empfing und genährt wird von der Wurzel des guten Ölbaums, in den die Heiden als wilde Schößlinge eingepfropft sind. Denn die Kirche glaubt, daß Christus, unser Friede, Juden und Heiden durch das Kreuz versöhnt und beide in sich vereinigt hat.«

Der Konzilstext fährt fort, daran zu erinnern, daß der

Apostel Paulus von seinen Stammverwandten sagt, daß sie weiterhin im Besitze des Bundes, des Gesetzes, des Gottesdienstes und der Verheißungen geblieben sind (Röm 9,4–5), und daß aus dem jüdischen Volk die Apostel stammen sowie die meisten der ersten Jünger, die das Evangelium verkündet haben.

Dieses Bekenntnis zur jüdischen Wurzel, das die bleibende Erwählung Israels betont, war die Frucht der Bemühungen eines deutschen Jesuiten, Augustin Kardinal Bea, der von aus dem Judentum stammenden Konzilsberatern, Gregory Baum und Johannes M. Österreicher, unterstützt wurde. Allerdings wollte Kardinal Bea ursprünglich seinen Text der Erklärung des Konzils über die Ökumene eingliedern, was ihm aber nicht gelang.

So wie der Katholik Bea erkannte, daß die Ökumene erst vollständig sein kann, wenn sie das erwählte Volk Israel miteinschließt, so erkannte dies auch der reformierte Theologe Karl Barth, der nach einem Besuch in Rom während des Konzils bedauerte, daß Israel nicht ausdrücklich in die Ökumene miteinbezogen worden sei. Barth sah in der Trennung von den Juden das erste und schwerwiegendste Schisma der Kirche. Er verwarf daher auch die Judenmission, betonte aber gleichzeitig die Pflicht der Kirche, gegenüber Israel Zeugnis abzulegen.

In der Erklärung über das Alte Testament in der dogmatischen Konstitution über die göttliche Offenbarung »Dei Verbum« behandelt das Konzil im 4. Kapitel, Artikel 14–16, die Bedeutung des Alten Testaments:

»Der liebende Gott, der um das Heil des ganzen Menschengeschlechts besorgt war, bereitete es vor, indem er sich nach seinem besonderen Plan ein Volk erwählte, um ihm Verheißungen anzuvertrauen. Er schloß mit Abraham (vgl. Gen 15,8) und durch Moses mit dem Volke Israel (vgl. Ex 24,8) einen Bund. Dann hat er sich dem

Volk, das er sich erworben hatte, durch Wort und Tat als einzigen, wahren und lebendigen Gott so geoffenbart, daß Israel Gottes Wege mit den Menschen an sich erfuhr, daß es sie durch Gottes Wort aus der Propheten Mund allmählich voller und klarer erkannte und sie unter den Völkern mehr und mehr sichtbar machte (vgl. Ps 21,28–29; 95,1–3; Jes 2,1–4; Jer 3,17). Die Geschichte des Heiles liegt, von heiligen Verfassern vorausverkündet, berichtet und gedeutet, als wahres Wort Gottes vor in den Büchern des Alten Bundes...«

Mit dieser Feststellung aus »Dei Verbum« wird die Sonderstellung Israels voll anerkannt im Sinne dessen, was wir als paradigmatische Transparenz bezeichnen können. Die Bedeutung der Erwählung Israels für die Völker liegt darin, daß am Beispiel dieses erwählten Volkes die Wege Gottes mit allen Völkern sichtbar demonstriert werden.

Die Anerkennung Israels als das auserwählte Volk, auch post Christum natum, führte das Konzil zu einer ausdrücklichen Verwerfung jeder Art von Antijudaismus und Antisemitismus. Inwieweit die klaren Formulierungen des Konzils sich in der Praxis der Kirche verwirklicht haben, bleibt noch eine offene Frage. Rückschläge sind sicher zu verzeichnen, aber als Papst Johannes Paul II. – als erster Papst in der Geschichte – der Synagoge in Rom einen offiziellen Besuch abstattete und den Oberrabbiner Toaff mit dem Bruderkuß begrüßte, hat er die Juden, ganz im Sinne seines großen Vorgängers Johannes XXIII., als die älteren Brüder bezeichnet.

Auch regionale Bischofskonferenzen in Frankreich und Deutschland haben den Kurs des Konzils fortgesetzt, während die Orthodoxe Kirche sich noch nicht zur Anerkennung des Ungekündigten Bundes Gottes mit Israel durchringen konnte.

Im Protestantismus gibt es keine zentrale Instanz, die mit dem Konzil und dem Lehramt der katholischen Kirche verglichen werden könnte, denn die Kirchen der Reformation haben keine weltweite Zentrale.

Der Weltrat der Kirchen, in welchem sich Protestantismus und Orthodoxie treffen, verhielt sich, vor allem aus politischen Rücksichten gegenüber den christlichen Gemeinschaften in den Ländern des Islam, äußerst zurückhaltend.

Ich möchte hier aber aus dem deutschen Raum Beispiele protestantischer Wende gegenüber Israel zitieren.

Die Rheinische Synode vom 11. 1. 1980 betonte:

»Wir glauben die bleibende Erwählung des jüdischen Volkes als Gottes Volk und bekennen, daß die Kirche durch Jesus Christus in den Bund mit seinem Volk hineingenommen worden ist.«

In der gleichen Richtung äußerte sich die Provinzialsynode der Evangelischen Kirche in Berlin-Brandenburg am 20. 5. 1984:

»Der Bezeugung des Evangeliums vor Israel dient deshalb heute vor allem ein christliches Leben, das das Ja Gottes zur bleibenden Erwählung Israels erkennen läßt; so kann sich die Gemeinde Jesu Christi als die Gemeinschaft erweisen, die mit dem Israel erwählenden Gott versöhnt ist.«

So klar und schön Deklarationen dieser Art sind, so ergibt sich doch immer wieder die Frage, wie weit sie in das Bewußtsein des Kirchenvolkes eingegangen sind. Immer wieder zeigen sich Rückschläge aller Art, alte Vorurteile gegen die Juden als »Gottesmörder«, ja sogar das Wiederaufleben von mittelalterlichen Ritualmordlegenden, die von der Kirche längst verworfen sind, macht sich bemerkbar und verdunkelt das Bild Israels als das Volk des ungekündigten Bundes. Was in Jahrhunderten gelehrt und geglaubt wurde, ist nicht in Jahrzehnten zu annullieren.

Kirche und Israel haben beide ein langes Gedächtnis, aber: »Es ist gewiß, daß der Irrtum uralt ist, aber die Wahrheit, durch die der Irrtum verdammt wird, ist immer noch älter« (Pater Columban an Papst Gregor den Großen).

Rückblick und Ausblick

Im Jahre 1991 ist mein theologisches Jugendwerk »Jenseits von Orthodoxie und Liberalismus« (Tel-Aviv 1939) in dritter Auflage bei J. C. B. Mohr in Tübingen erschienen.

In diesem Buch findet sich als fünftes Kapitel: »Der Einzelne vor Gott und das Volk Gottes«. Hier wird ein klarer Unterschied zwischen dem einzelnen Juden und dem Volk Israel gemacht. Die Erwählung bezieht sich auf das Volk Gottes, nicht aber auf den einzelnen.

Auch heute bejahe ich diese Unterscheidung, zumal das Erwählungsbewußtsein bei vielen modernen Juden nicht mehr lebendig ist.

Was aber das Volk anlangt, stand ich in meiner Jugend sehr stark unter dem Einfluß des jüdischen Mythologen Oskar Goldberg (1885–1953), der in seinem Hauptwerk »Die Wirklichkeit der Hebräer« (Berlin 1925) eine Definition des kultfähigen Volkes gab. Er verstand darunter einen metaphysischen Volksbegriff, der dem hebräischen »Am« entsprach. Die Hebräer der Moses-Zeit sah er im Sinne eines solchen Volkes, dem im Ritual des Pentateuch der Weg zur Kommunikation mit Gott gewiesen wurde. Von der Erkenntnis ausgehend, daß Gott größer ist als seine Schöpfung, verstand er das Opfer-Ritual als eine Möglichkeit zur Biologischwerdung der Gottheit im Manifestationsrauch der Opfer im Stiftszelt. Aus der Wolke des Manifestationsrauches spricht Gott zu Mose und gibt so dem Volk der Erwählung seinen heiligen Willen kund.

Die Erwählung Israels zeigt sich für Goldberg in dieser Beziehung des kultfähigen Volkes zu seinem Gott. Da aber das jüdische Volk der Gegenwart seine Kultfähigkeit verloren hat, auch den Kult selbst längst suspendiert und durch einen Wortgottesdienst ersetzt hat, der keine Manifestation Gottes mehr ermöglicht, hat das Volk seine Erwählung verloren.

In einem späteren Werk »Maimonides. Kritik der jüdischen Glaubenslehre« (Wien 1935) zog Goldberg die Konsequenz jüdischer Mission unter kultfähigen Völkern, etwa in Tibet.

Martin Buber erzählte mir einmal, daß Goldberg schon zur Zeit des Ersten Weltkrieges mit diesem Gedanken spielte und sich von Mission unter solchen primitiven Völkern Ostasiens sogar politische Erfolge versprach, durch Einsatz ihrer Verfügbarkeit für die Kriegsziele der Mittelmächte.

So phantastisch und irreal diese Bemühungen Goldbergs erscheinen, so ist doch seine Definition des ursprünglich erwählten Israel nicht von der Hand zu weisen. In diesem Sinne bemerkte Franz Rosenzweig über Goldbergs »Wirklichkeit der Hebräer«: »Eine Fülle guter exegetischer Kerne in einer Schale von Wahnsinn.«

Im Sinne Goldbergs bezog auch ich die Erwählung auf das mythische Volk, räumte aber ein, daß sich auch noch im heutigen Judentum die Erinnerung, der »Sikkaron«, lebendig erhalten habe, was sich aber keineswegs weiterhin auf das Volksganze erstrecke. Ich betonte damals, daß die Verkündigung im Pentateuch (Thora) vorwiegend pluralistisch gehalten sei, sah aber noch zu wenig, daß gerade das Kernstück, der Dekalog (Ex 20 u. Deut 5), sich an den einzelnen richtet, wobei allerdings die Präambel, obwohl singular gefaßt, sich auf das Volk bezieht: »Ich bin der Herr, dein Gott, der dich herausgeführt hat aus dem Lande Ägypten, aus dem Hause der Knechtschaft.«

Dieses erste der Zehn Worte richtet sich zwar, grammatikalisch gesehen, an den einzelnen, meint aber doch diesen als Glied des Bundesvolkes, denn nicht der einzelne Jude (bis zum Ende des 20. Jahrhunderts) wurde aus Ägypten geführt, sondern das Volk, vor rund 3500 Jahren.

Die Weisen Israels schlossen daraus, daß jeder Jude sich immer wieder mit der Generation des Exodus zu identifizieren habe. Nur wo solche Identifikation als Glaubenserlebnis manifest wird, kann die Erwählung Israels noch heute existentiell nachvollzogen werden.

Obwohl der Zionismus eine Säkularisierung des Judentums darstellt, hat der erste politische Zionist in Deutschland, Max Bodenheimer (1865–1940), den Erwählungsgedanken besonders klar formuliert:

»Jede Nation hat ihre Aufgabe in der Weltgeschichte. Kein Volk hat aber seinen weltgeschichtlichen Beruf von Anfang an so klar erkannt und so zielbewußt verfolgt wie die Nation der Hebräer. Von seinem Eintreten in die Weltgeschichte an hielt sich der hebräische Volksstamm, d. h. die direkten Nachkommen der Erzväter, für ein auserwähltes Volk. Und das waren sie, denn sie waren auserwählt zu der höchsten Aufgabe, die sich eine Nation für die Förderung des Menschengeschlechtes stellen konnte: zur Schaffung des monotheistischen Gottesbegriffes und damit zugleich der sittlichen Welt- und Staatsordnung. Die Nationen, welche ihrer Mission untreu werden, ihre idealen Güter nicht verteidigen, ideale Sonderbestrebungen nicht verfolgen, gehen zugrunde. Ihre Existenz hat keinen Sinn mehr. Sie verschwinden spurlos unter den Völkern der Erde« (Die Missionen der Nationen und der Hebräer, 1891, in der Zeitschrift »Menorah«).

In der Sicht Bodenheimers ist die Dauerkraft des jüdischen Volkes ein geschichtlicher Beweis seiner Auserwählung.

In einem gewissen Sinn haben auch die Nationen, vor allem wenn sie Israel nicht hold sind, diese Sicht akzeptiert und legen daher heute an den Staat Israel viel strengere Maßstäbe sittlicher Verantwortung als an sich selbst und an andere Staaten.

Erwählung und Verheißung

Das Land der Verheißung

Die Erwählung Israels ist von der Verheißung des Landes Israel (Kanaan) nicht zu trennen.

Das erwählte Volk war ursprünglich ein landloser Haufe entlaufener Sklaven.

Jakob J. Petuchowski hat mit Recht darauf aufmerksam gemacht, daß kein Volk einen solch unrühmlichen Ursprung erdichtet. Mythische Genealogien führen den Ursprung des eigenen Volkes auf Götter und Heroen zurück. Der Ursprung im Hause der Knechtschaft legt den Schluß nahe, daß es sich hier um historische Realität handelt, obwohl der Exodus nur in der hebräischen Bibel bezeugt ist. Ägyptische Quellen schweigen (bisher) über dieses für Israel fundamentale Ereignis völlig.

Der Exodus bildet die erste Etappe, an die das Passah-Fest erinnert, die zweite Etappe ist (nach der talmudischen Tradition sieben Wochen nach dem Auszug aus Ägypten) der Bundesschluß am Sinai, der die Erwählung zum »Am Segula«, zum Eigentumsvolk Gottes, involviert. Die dritte Etappe ist die Landverheißung und – unter Josua, dem Nachfolger des Mose – die Landnahme.

Die lange Verzögerung der Wüstenwanderung, die vierzig Jahre umfaßt (vierzig Jahre sind in der Bibel eine lange Zeitspanne, die noch übersehbar bleibt, sie sind nicht arithmetisch genau zu verstehen), wird einerseits als Strafe für den Ungehorsam des Volkes definiert, vor allem aber scheint es sich um eine pädagogische Maßnahme zu handeln. Das Sklavenvolk aus Ägypten war noch nicht imstande, den Kampf um die Eroberung des

Jeremia 23,8 die Nachkommen des Hauses Israels .... sollen in ihrem Lande wohnen
Jesaja 11 Wiederherstellung des Großreiches Davids nach Heimkehr aus Diaspora

Landes Kanaan zu bestehen, und daher wird erst nach dem Aussterben des Geschlechtes der Wüste mit dem Einbruch in das Gelobte Land begonnen.

Erst im Buch Numeri, dem 4. Buch Mose, werden die Grenzen des Landes verkündigt. Die Beschreibung läßt sich durchaus geographisch rekonstruieren und findet sich Num 34,1–12:

»Und der Herr redete mit Mose und sprach: Gebiete den Kindern Israel und sprich zu ihnen: Wenn ihr ins Land Kanaan kommt, so soll das Land, das euch als Erbteil zufällt, das Land Kanaan sein nach diesen Grenzen: Der Südzipfel eures Gebietes soll sich erstrecken von der Wüste Zin an Edom entlang. Eure Grenze im Süden soll ausgehen vom Ende des Salzmeers, das im Osten liegt. Und sie soll südlich vom Skorpionensteig sich hinaufziehen und hinübergehen nach Zin und weitergehen südlich von Kadesch-Barnea und gelangen nach Hazar-Addar und hinübergehen nach Azmon und sich von Azmon ziehen an den Bach Ägyptens, und ihr Ende sei an dem Meer.

Aber die Grenze nach Westen zu soll sein das große Meer und seine Küste. Das sei eure Grenze nach Westen.

Die Grenze nach Norden zu soll diese sein: Ihr sollt sie ziehen von dem großen Meer bis an den Berg Hor, und von dem Berge Hor bis dahin, wo es nach Hamath geht, daß die Grenze weitergehe bei Zedad und auslaufe nach Siphron, und ihr Ende sei bei Hazar-Enan. Das sei eure Grenze nach Norden.

Und ihr sollt die Grenze nach Osten ziehen von Hazar-Enan nach Schepham, und die Grenze gehe herab nach Ribla östlich von Ajin. Danach gehe sie herab und ziehe sich hin längs der Höhen östlich vom See Kinnereth, und komme herab an den Jordan, daß ihr Ende sei das Salzmeer. Das sei euer Land mit seiner Grenze ringsumher.«

Es ist, soweit ich sehe, ein einmaliger Vorgang, daß die Grenzen eines Landes durch göttliche Offenbarung gezogen werden. Damit ist der Charakter des Heiligen Landes gekennzeichnet.

Das erwählte Volk erhält das erwählte Land. Erwählung und Verheißung bilden, so gesehen, eine theologische Kongruenz. Diese Vorstellung hat ihre politische Auswirkung bis auf den heutigen Tag, ja gerade auf den heutigen Tag. Jahrhundertelang war die zitierte Bibelstelle, die alljährlich im Wochenabschnitt »Mass'ai« im Spätsommer gelesen wird, sozusagen nur eine Art liturgischer Text. Heute aber, wo wir diese Grenzbestimmungen mit der Realität vergleichen können, ergeben sich ganz andere Konsequenzen.

In diesem Zusammenhang bleibt es mir fraglich, warum der Vatikan betont, daß der Papst diplomatische Beziehungen nur mit Staaten aufnehmen könne, deren Grenzen festgelegt sind. Da die Grenzen des Landes – und damit des Staates – Israel im Alten Testament, das für die Kirche unverbrüchlich Heilige Schrift ist, festgelegt sind, dürfte hier also kein Hindernis bestehen.

Die Grenzen des Landes der Verheißung haben sich allerdings de facto im Laufe der Geschichte verändert. In der Richterzeit sprach man von »von Dan bis Beer-Sheva«, in der Königszeit, vor allem unter David und Salomo, haben sich die Grenzen erweitert.

Für die gegenwärtige Situation ist zu berücksichtigen, daß das Land Palästina am Ende des Ersten Weltkrieges noch das weite Gebiet von Transjordanien mit umfaßte, das dann 1922 von der britischen Mandatsmacht abgetrennt wurde (erste Teilung des Landes) und als Emirat unter der Regentschaft von Emir Abdallah, dem Bruder des Königs Feisal von Irak, politische Gestalt gewann. Abdallah wurde später König von Englands Gnaden, sein Reich nannte sich nun Jordanien; es entspricht im wesentlichen dem biblischen Edom, das weithin das Gebiet der Stämme Ruben, Gad und des halben Stammes Manasse war.

Gegenwärtig wird das haschemitische Königreich Jordanien von König Hussein, dem Enkel des von Arabern ermordeten Königs Abdallah, regiert.

Die zionistische Führung sah 1923 in der Abtrennung Transjordaniens von Palästina einen Verrat an der Balfour-Deklaration von 1917, die von der Errichtung einer jüdischen nationalen Heimstätte in Palästina sprach, denn die Verbindung der jüdischen Kolonisation mit dem abgetrennten Teil wurde ausdrücklich unterbrochen.

Die zweite Teilung des Landes wurde 1947 durch die Vereinten Nationen beschlossen. Die Juden akzeptierten auch diesen Teilungsplan, aber die Araber lehnten leider ab, was eine Reihe von Kriegen zur Folge hatte.

Zwar brachten diese von einer riesigen arabischen Übermacht – unter Beteiligung der arabischen Nachbarstaaten im weitesten Sinn – aufgezwungenen Kriege für Israel, vor allem nach dem Sechs-Tage-Krieg von 1967, eine Erweiterung des Staatsgebietes und der affilierten Territorien, der sogenannten Westbank mit Judäa und Samaria und des Gazastreifens, sowie die Wiedervereinigung Jerusalems, doch ist noch immer nicht das Land der Verheißung ganz in den Händen des Volkes der Erwählung.

Dieser Gedanke bildet die Grundlage der Ideologie des sogenannten Blockes der Gläubigen (Gusch Emunim), einer radikalen Siedlergruppe, die oft die weitgehende Unterstützung der Regierung genoß.

Diese theopolitischen Momente muß man in den Blick bekommen, um die Haltung Israels in bezug auf alle Vorschläge, die eine Abtrennung von Gebieten für den Frieden beinhalten, zu verstehen.

In der Tat ist Judäa mit Hebron, das die Gräber der Patriarchen Abraham, Isaak und Jakob und der Mütter des Volkes, Sara, Rebekka und Lea (das Grab Rahels ist in der Nähe Bethlehems, ebenfalls in Judäa) birgt, Kernland Israels.

Das gilt auch für Samaria mit dem biblischen Sichem (Nablus), wo Josuas letzter Landtag stattfand.

Das Gebiet von Gaza ist in der Erinnerung unlöslich mit Simson, der Heldengestalt der Bibel, verbunden.

Die Anhänger des Gusch Emunim gehen – unterstützt von der Sympathie weiter Kreise Israels – davon aus, daß das Land der Verheißung dem Volk der Erwählung von Gott selbst zu Lehen gegeben ist, denn Er bleibt der Herr des Landes, und daher darf kein Fußbreit Bodens freigegeben werden.

Religiöse Führer in der Diaspora – wie der Rabbi von Lubavitsch, Menachem Mendel Schneurson, der in Brooklyn/New York, in den USA, residiert, aber viele Anhänger im Lande Israel und in anderen Teilen der Welt hat – unterstützen diese radikale Haltung, während andere ultraorthodoxe Kreise – wie die Naturei Kartha (Wächter der Stadt Jerusalem) – keinerlei Ansprüche dieser Art erheben, da sie deren Einlösung vom Kommen des Messias abhängig machen.

So verschiedenartig diese Reaktionen erscheinen, so haben sie doch insofern dieselbe Wurzel, als sie tagespolitische Probleme mit biblischen Grundgedanken verknüpfen.

Solche Verbindung von Theologie und Politik bildet heute wieder, im Sinne Spinozas, einen theologisch-politischen Traktat.

Eine weitere Verbindung der heterogenen orthodoxen

Ideologien ist durch den Gedanken des Messianismus gegeben.

Eine eschatologische Nah-Erwartung beherrscht heute weite Kreise des orthodox-fundamentalistischen Judentums. Obwohl die Weisen Israels immer vor messianischer Schwarmgeisterei warnten, vor allem vor der Berechnung der Endzeit, hat die messianische Sehnsucht heute wieder an Aktualität gewonnen, ähnlich wie im 17. Jahrhundert unter Sabbatai Zevi (1626–1676), dem Pseudomessias von Smyrna.

Das ist kein Zufall. Messianische Bewegungen sind immer die Reaktion auf Katastrophen der jüdischen Geschichte.

Auf die Vertreibung der Juden aus Spanien unter dem Königspaar Ferdinand und Isabella, ausgelöst durch den Großinquisitor Torquemada, setzt eine kabbalistisch-mystische Erneuerung ein, deren Zentrum Safed in Obergaliläa war. Aus kabbalistischen Spekulationen zieht Sabbatai Zevi seine Legitimation.

Übrigens ist auch die Entstehung des Urchristentums in dem Rhythmus von Unterdrückung und Befreiung zu sehen. Die Proklamation Jesu zum Messias kann nur aus der römischen Unterdrückung heraus verstanden werden.

In der Gegenwart ist die neue messianische Welle als Reaktion auf den Holocaust zu sehen, wobei die Gründung des Staates Israel 1948 nur als »der Anfang der Erlösung« gesehen wird.

Immer bleibt das Grundmotiv der Zweiklang von Erwählung und Verheißung. Dem Volk der Erwählung ist ein ganz bestimmtes Territorium verheißen, das das Kernland für das messianische Weltreich, das Reich Gottes für diese Erde, darstellt.

Politische Probleme, die so stark von theologischen

Leitsätzen unterlaufen sind, sind schwerer zu lösen als politische Fragen, die von den gegebenen Verhältnissen der Zeitgeschichte bestimmt werden und oft zwar historisch, aber nicht heilsgeschichtlich mitbestimmt sind.

Es gibt innerhalb der Christenheit – vor allem in den Freikirchen und Sekten – fundamentalistische Bibelchristen, die die aktualisierten messianischen Erwartungen im Judentum teilen, allerdings die Ankunft des Messias mit der Wiederkunft Christi identifizieren. Diese Christen anerkennen uneingeschränkt die Erwählung Israels, erwarten aber, daß durch das Erscheinen des Messias, also die Parusie Jesu, eine schlagartige Bekehrung des erwählten Volkes einsetzt, das so zu seiner ursprünglichen Bestimmung zurückgeführt wird.

Der Islam hingegen bleibt allen diesen endzeitlichen Erwartungen gegenüber indifferent, weiß nichts von einer noch gültigen Erwählung Israels und dem daraus resultierenden Anspruch auf das Land der Verheißung. Im Gegenteil, der Islam bestreitet die Tatsache, daß moslemische Heiligtümer – die El-Aksa-Moschee und der Felsendom auf dem Tempelberg zu Jerusalem – sich gegenwärtig in einem nicht-moslemischen Gebiet erheben. Das verstärkt, wiederum aus theologischen Gründen, die intransigente arabische Haltung gegenüber dem Zionismus.

Jerusalem

Erwählung und Verheißung, jahrhundertelang rein theologische Begriffe, haben politische Brisanz gewonnen. Innerhalb dieses Problemkreises stellt Jerusalem eine Sonderfrage dar, die einer Lösung bedarf.

Jerusalem ist die Heilige Stadt der drei monotheistischen Weltreligionen: Judentum, Christentum und Islam. Die Gläubigen dieser Religionen haben den Erwählungsbegriff Israels für sich übernommen, was die Problematik erschwert. Die Erwählung Israels ist biblisch klar bezeugt, aber die Christenheit hat den Begriff des Bundesvolkes für sich übernommen im Sinne des Neuen Bundes und empfindet sich, nach einem Wort Jesu, als das Salz der Erde. Die Muslime ihrerseits sehen sich als Bekenner Allahs als die legitimen Repräsentanten des wahren Glaubens. Diese Ansprüche sind sicher nicht ganz in Einklang zu bringen, aber dennoch muß für das religiöse Zentrum Jerusalem eine Teillösung gefunden werden, wobei der Heiligkeitsbegriff dieser Stadt sehr differenziert bleibt.

Jerusalem ist die einzige heilige Stadt des Judentums, »das Haus unseres Lebens«, wie es ein liturgischer Text der Synagoge umschreibt. Hier standen der Erste und der Zweite Tempel, das Haus der Erwählung des erwählten Volkes, und hier wird der Dritte Tempel der messianischen Zeit erwartet.

Für die Christen ist Jerusalem vorwiegend die Stadt heilsgeschichtlicher Rückschau und eschatologischen Ausblicks. Hier fand die Passion Christi statt, aber auch, nach dem Glauben der Kirche, seine Auferstehung und Himmelfahrt. Da die letztere sich am Ölberg ereignet haben soll, wird auch die Parusie, die Wiederkunft Jesu, auf dem Ölberg erwartet. Hier soll er erscheinen, um die Lebenden und die Toten zu richten. So gesehen ist die Spanne zwischen Passion und Auferstehung einerseits und Wiederkunft Christi andererseits für das christliche Frömmigkeitsempfinden nur ein Interregnum, ganz im Gegensatz zu der jüdischen Konzeption, die die Gegenwart der geschehenden Geschichte in Jerusalem voll realisiert.

Für das Judentum ist Jerusalem, genaugenommen, nicht die heilige Stadt, sondern die Stadt des Heiligtums »Ir Hakodesch«. Gemeint ist mit dem Heiligtum der Tempel, obwohl dieser seit dem Jahre 70 n. Chr. zerstört ist; aber die Westmauer, irrtümlich Klagemauer genannt, blieb stehen, und auf ihr ruht unsichtbar die »Schechina«, die Emanation der göttlichen Herrlichkeit, und strahlt weiterhin Heiligkeit über Stadt und Land aus.

Für Juden und Christen ist Jerusalem nicht nur die heilige Stadt oder die Stadt des Heiligtums, sondern die einzige zweidimensionale Stadt der Welt. Wir sprechen von einem himmlischen und einem irdischen Jerusalem. Keine andere Stadt kennt diese Unterscheidung. Im Hebräischen sprechen wir von einem Oberen und Unteren Jerusalem, und auch der Apostel Paulus gebraucht (Gal 4,26) diese Unterscheidung, wobei das Obere Jerusalem das »freie« ist, »unser aller Mutter«. Er bedient sich hier der rabbinischen Terminologie, die im Babylonischen Talmud im Traktat Taanith 5a eine tiefsinnige Deutung erfährt: Gott betritt das himmlische Jerusalem nicht, er habe denn das irdische zuvor betreten. Gemeint ist hier nicht die Errichtung des Dritten Tempels, sondern die

Stadt des Heiligtums = Stadt des Tempels
Westmauer

rechte Menschengemeinschaft unter den Bewohnern des irdischen Jerusalem, die einander die Türen und die Herzen öffnen sollen.

Die Unterscheidung zwischen dem Oberen und dem Unteren Jerusalem stellt eine Transzendierung topographischer Begriffe dar. Das Obere Jerusalem war der heilige Bezirk des Tempels, das Untere Jerusalem, »downtown«, war die sogenannte Davidsstadt, die neuerdings durch Ausgrabungen freigelegt wurde.

Transzendierungen dieser Art finden öfters in der Heilsgeschichte statt. So ist der Herr Zebaoth, der Herr der Scharen, ursprünglich der Kriegsgott Israels, der zwischen den Cheruben über der Bundeslade thronend gedacht wurde und den Heerscharen Israels in den Kämpfen gegen die Philister voranzog. Aus dieser historischen Gegebenheit wurde erst später der Herr der himmlischen Heerscharen.

Für die Muslime ist Jerusalem die Heilige schlechthin, »El Kuds«. Der Hinweis darauf findet sich im Koran, in der 17. Sure: »Die Nachtreise« oder »Die Söhne Israels«. Hier wird berichtet, daß der Prophet Mohammed in einer nächtlichen Traumvision durch den Engel Gabriel vom nahen Heiligtum in Mekka (der Ka'aba) nach dem fernen Heiligtum, gemeint ist Jerusalem, entrückt wurde. Der Prophet legt diese Traumreise auf seinem Pferd »Barak« zurück, auf welchem er in die Himmel entrückt wird (himmlisches Jerusalem). Die Hufspur des Pferdes findet sich noch auf dem Felsen Moria, über dem sich später der herrliche Felsendom der Muslime wölbt, gegenüber der El-Aksa-Moschee, die zusammen heute den Tempelplatz beherrschen.

Der Anschluß an die Moria-Tradition, wo Abraham bereit war, seinen Sohn der Verheißung, Isaak, zu opfern, der im Islam als »sanfter Sohn« auf Ismael bezogen wird, demonstriert die innere Verbindung der abrahamitischen Religionen: Judentum, Christentum und Islam.

Dort, wo der Tempel der Hebräer stand, wurden moslemische Heiligtümer errichtet und zeitweise auch eine byzantinische Kirche.

Heute teilen sich nur Muslime und Juden in diesen geheiligten Bezirk. Der ganze Tempelplatz steht unter moslemischer Verwaltung, und nur am Fuße des Tempelberges, an der Westmauer, öffnet sich der Platz des Gebetes für die Juden.

Trotz dieser Trennung der Gewalten und der heiligen Stätten kam es zum Laubhüttenfest im Oktober 1990 zu blutigen Zusammenstößen auf dem Tempelplatz, die Todesopfer forderten und eine weitere Verschärfung der Situation in Jerusalem auslösten.

Auf jüdischer Seite gibt es die kleine Gruppe der »Getreuen des Tempelberges«, die auf dem Areal, das die Muslime für sich requirieren, den Grundstein zu einem Dritten Tempel legen wollen, was zu ständiger Spannung führen muß.

Der Zusammenhang zwischen dem Tempel und der Erwählung Israels läßt sich auch terminologisch nachweisen. Der Tempel wird nicht nur »Beth Hamikdasch«, Haus des Heiligtums, genannt, sondern auch »Beth Habechira«, Haus der Erwählung. Derselbe Terminus der Erwählung wird primär für das Volk Israel gebraucht, so daß sich der Schluß ergibt: das Haus der Erwählung für das Volk der Erwählung.

Man muß aber in solchen Zusammenhängen die Tugend der Geduld üben, die die Weisen Israels in die Worte faßten: »Bedränget nicht das Ende.«

In der Heilsgewißheit des kommenden Reiches Gottes muß sich Israel bescheiden, auf seinen Gott vertrauend dem Reich Gottes entgegenharren, das das Ende der Religionen darstellt, die in Gott vereinten Nationen.

Für die Muslime ergibt sich eine weitere Schwierigkeit dadurch, daß nach ihrer Auffassung moslemische Heiligtümer nicht in den Gefilden der Ungläubigen gedacht werden können. Wenngleich der Staat Israel alle Verwaltungsrechte auf dem Tempelplatz den moslemischen Behörden überlassen hat, genügt das moslemischen Fundamentalisten nicht, da sich El-Aksa-Moschee und Felsendom innerhalb des Staatsgebietes von Israel erheben.

Beide Seiten müßten gewisse Abstriche an absolutistischen Postulaten machen, um eine Koexistenz zu ermöglichen.

Ich möchte aber um einen entscheidenden Schritt weitergehen.

Wir haben festgestellt, daß Jerusalem die heilige Stadt der drei monotheistischen Religionen Judentum, Christentum und Islam darstellt, und dies in einer sehr verschiedenen Weise. Man muß aber realisieren, daß die heutige Großstadt Jerusalem, mit rund einer halben Million Einwohnern, weit über das Areal der heiligen Stätten hinausgeht. Diese werden umfaßt von der Mauer der Altstadt, innerhalb derer sich als zentrale Stätten der Andacht die Westmauer der Juden, die Grabes- oder Auferstehungskirche der Christen, der Felsendom und die El-Aksa-Moschee der Muslime befinden. Ausläufer dieses sehr beschränkten Areals stellen der heutige Berg Zion und vor allem der Ölberg dar.

Alles, was außerhalb dieser eng umzirkten Gebiete liegt, trägt nicht den Charakter der Heiligkeit.

Ich schlage daher vor, nach dem Vorbild Roms den Bezirk der heiligen Stätten gleichsam aus dem Gesamtgebiet Jerusalems, im Sinne einer exterritorialen Zone, herauszunehmen. Vorbild Roms meint: Rom ist die

Hauptstadt Italiens, aber innerhalb Roms bildet die Vatikanstadt eine Enklave. So, denke ich mir, könnte die Heilige Stadt der drei abrahamitischen Religionen aus dem Gesamtgebiet der israelischen Hauptstadt Jerusalem herausgelöst werden, unter einer ökumenischen Verwaltung.

Hier ergibt sich fraglos eine weitere Schwierigkeit. In Rom ist der Papst, in seiner Eigenschaft als Bischof von Rom, der Herr der Vatikanstadt. In Jerusalem müßte ein Triumvirat, gebildet aus Vertretern des Judentums, des Christentums und des Islam, an der Spitze stehen, und aus diesem Gremium müßte in einem etwa zweijährigen Turnus jeweils ein Vorsitzender gewählt werden.

Bei Vertretern des Judentums denke ich nicht an einen Israeli, sondern an einen Repräsentanten der Diaspora, die ja noch immer weit größer ist als das israelische Staatsvolk. Jerusalem als Heilige Stadt des Judentums ist mehr als die Hauptstadt Israels, erfaßt gleichsam über 14 Millionen Juden in der Welt.

Was das Christentum anlangt, müßten die verschiedenen Denominationen, vorweg die Römisch-Katholische Kirche und die orthodoxen Kirchen, die im Orient Priorität beanspruchen können, zu einem interkonfessionellen Abkommen gelangen.

Wenn von jüdischer (und zuweilen auch christlicher) Seite eingewendet wird, daß die Ansprüche des Islam nicht mit den jüdischen und christlichen gleichwertig seien, da Jerusalem für den Islam an dritter Stelle – nach Mekka und Medina – stehe und der Prophet Mohammed nie wirklich in Jerusalem geweilt habe, so ist ein Einwand dieser Art zurückzuweisen. Die Tatsache, daß Jerusalem das dritte Heiligtum des Islam darstellt, entwertet seine Bedeutung nicht. Der Umstand, daß Mohammed nie in Jerusalem war, trifft das moslemische Empfinden nicht, denn die visionäre Entrückung ist nicht weniger bedeutsam.

Durch die Tiefenpsychologie von C. G. Jung ist es uns klargeworden, daß innere, psychische Realität nicht weniger bedeutsam ist als äußere; ja, die Bilder der Seele, die Archetypen, sind kreativer als äußere, empirische Gegebenheiten.

Ich will damit betonen, daß die Ansprüche der drei Weltreligionen Judentum, Christentum und Islam auf die Heiligkeit Jerusalems sich die Waage halten.

Das große Problem liegt aber darin, die institutionalisierte Religion der Juden, Christen und Muslime zu einer gemeinsamen Aktion zu bewegen.

Noch bevor dieser utopisch anmutende Plan diskutiert werden kann, müßten sich die Häupter der Religionsgemeinschaften zuerst untereinander einigen, gewisse Termine vereinbaren, da Judentum, Christentum und Islam innere konfessionelle Gegensätze zu überwinden hätten.

Ich bin mir wohl bewußt, daß dieser Vorschlag direkt irreal wirkt, aber wir müssen lernen, mit sehr viel Geduld auf lange Zeit zu planen.

Ich möchte dafür das Beispiel Theodor Herzls in Erinnerung bringen, der 1897, nach dem Ersten Zionistenkongreß, in seinem Tagebuch notierte: »In Basel habe ich den Judenstaat gegründet. Wenn ich das heute sagte, würde mir ein universelles Gelächter antworten. In fünf Jahren werden es einige erkennen, in fünfzig Jahren alle.« Ist es nicht wunderbar, daß genau auf den Tag nach fünfzig Jahren die Vereinten Nationen in Lake Success beschlossen, das Mandatsgebiet Palästinas zu teilen und hier einen jüdischen Staat zu errichten?

Würde man aus der Geschichte lernen, was leider nicht der Fall ist, so müßte uns dieses historische Beispiel ermuntern.

Auf jeden Fall scheint es mir auch taktisch unrichtig, wenn wir alle Ansprüche, vor allem von arabischer Seite, auf Jerusalem rundweg ablehnen, ohne einen Gegenvorschlag zu machen. Wenn die arabische und die christliche Welt jede Art von Kompromiß zurückweisen, trifft nicht Israel die Schuld. Wir müssen in der Jerusalem-Frage elastisch sein, denn hier erreicht die politische Frage in stärkstem Maße religiöse Tiefenschichten.

Wenn wir von der Erwählung Israels ausgehen, so muß uns das messianische Element in diesem Begriff gegenwärtig bleiben. Die Erwählung Israels als Theologumenon bleibt unangetastet, aber die volle Entfaltung dieses Grundsatzes in der geschichtlichen Wirklichkeit wird von der Hoffnung getragen. Die Propheten Jesaja, Micha und Sacharja sprechen davon, daß erst am Ende der Zeiten Jerusalem das Wallfahrtsziel aller Völker sein wird. Die Erkenntnis der Heiligkeit Jerusalems bei Christen und Muslimen erscheint mir als das Vorspiel der großen Völkerwallfahrt, und es ist die Aufgabe des Volkes der Erwählung, den Weg zu diesem Endziel zu bahnen.

Erwählung Israels und Erwählung Jerusalems hängen aufs engste zusammen. Die Erwählung Israels wird aber zu einem leeren Postulat, wenn das Volk der Erwählung seine Aufgabe gegenüber den Nationen, ein Licht der Völker zu werden, über den eigenen nationalen Aufgaben vergißt. So wird auch Jerusalem seiner Bestimmung nicht zugeführt, wenn es von Israel allein gleichsam beschlagnahmt bleibt, ohne daß die Bedeutung für die anderen Nationen und Religionen voll artikuliert wird.

Schon Theodor Herzl hat die Bedeutung der heiligen Stätten Jerusalems für die Tochterreligionen des Judentums klar erkannt, und der Staat Israel garantiert den freien Zugang zu den heiligen Stätten für die Gläubigen des Christentums und des Islam. Dieser freie Zugang stellt tatsächlich ein Novum dar, er war unter der Türkenherrschaft und dem britischen Mandat nicht so freizügig gegeben wie heute, und bestimmt nicht unter der jordanischen Herrschaft von 1948–1967.

Dennoch zeigt die permanente Spannung zwischen den Ansprüchen der Religionen auf und in Jerusalem, daß diese Regelung nicht genügt.

Gerade wenn wir vom Erstgeburtsrecht des erwählten Israel ausgehen, folgt daraus – Noblesse oblige –, daß wir Juden das Angebot an die Miterben der Verheißung tätigen müssen. Das entspricht ganz der Auffassung des Paulus, der die Heiden, die sich über Christus zum Gott Israels bekennen, als Miterben – nicht Erben – der Verheißung bezeichnet.

Für die Muslime gestaltet sich die Frage noch komplizierter, aber auch der Koran öffnet Wege der Zusammenarbeit, da Juden und Christen nicht den Heiden gleichgestellt werden, sondern als »Völker des Buches« gelten.

Ich möchte diese Betrachtung mit einer Ermahnung aus dem Brief des Jakobus schließen: »Und wisset, daß euer Glaube, wenn er bewährt ist, Geduld wirkt. Die Geduld aber soll ihr Werk tun bis ans Ende ...« (Jak 1,3–4).

Der Jakobusbrief schließt im letzten Kapitel mit dem Hinweis: »Nehmet, liebe Brüder, zum Vorbild des Leidens und der *Geduld* die Propheten, die geredet haben im Namen des Herrn« (Jak 5,10).

Diese Ermahnung gilt für uns alle. Im Hinblick auf die Propheten müssen auch die Kinder der Propheten die Tugend der Geduld üben, dürfen nicht kurzatmig Lösungen anstreben, die keine sind, denn »es soll nicht durch Heer oder Kraft, sondern durch meinen Geist geschehen, spricht der Herr der Scharen« (Sach 4,6).

Es ist nicht leicht für den heutigen Staat Israel, diesen

Verzicht auf militärische Stärke in dem hier umschriebenen Problemkreis zu bewähren, aber in dieser exzeptionellen Haltung beweist sich der Anspruch auf die Erwählung.

Die Politik aus dem Glauben muß das immer und immer wieder versuchen, ohne sich entmutigen zu lassen. Erwählung verpflichtet und muß sich nicht zuletzt in der politischen Sphäre artikulieren und konkretisieren, denn Judentum ist Religion der Tat, die aus dem Glauben gespeist wird.

Wie alle Völker – wie alle Staaten?

Der Zionismus ging von der Prognose aus: Der Judenstaat ist die Lösung der Judenfrage.

Diese ideologische Prämisse erwies sich ebenso als Irrtum wie die Ideologien vom Sozialismus und Kommunismus, wie wir zu Ende des 20. Jahrhunderts erleben.

Der Grund für dieses Debakel erklärt sich aus der Tatsache, daß Theoretiker von Sozialismus, Kommunismus und Zionismus am Schreibtisch Lösungen entwarfen, die der Realität nicht standzuhalten vermochten. Vom Kommunismus sprach man schon vor Jahrzehnten als von dem »Gott, der trog«. Das gilt in einem gewissen Maße auch vom Zionismus.

Der Gedanke war einleuchtend, daß nicht die Assimilation und Inkulturation der Juden an die Umwelt ihrer Wirtsvölker die Judenfrage zu lösen vermag, sondern nur die Autoemanzipation, wie es Leon Pinsker nannte, oder der Judenstaat, um die Formulierung Theodor Herzls zu gebrauchen.

Über den Charakter dieses Judenstaates herrschte von Anfang an eine gewisse Unklarheit, denn hier stießen These und Antithese zusammen. Als These konnte der biblische Imperativ Israels gelten: »Ihr sollt mir sein ein priesterliches Reich und heilig Volk« (Ex 19,6). Damit war und bleibt der Charakter des erwählten Volkes in seiner staatlichen Konkretisierung umschrieben.

Dem gegenüber sei die Auffassung von Theodor Herzl in seiner Staatsschrift »Der Judenstaat« (1896) angeführt, die die Gründerjahre des Zionismus kennzeichnet:

»Werden wir also am Ende eine Theokratie haben? Nein! Der Glaube hält uns zusammen, die Wissenschaft macht uns frei!«

Hier irrte Herzl bereits. Daß uns der Glaube nicht zusammenhält, mußte er selbst sehr bald erfahren, da sich die von ihm spöttisch abqualifizierten »Protestrabbiner« einmütig gegen seine nationale Konzeption des Judentums wandten, sowohl die orthodoxen Rabbiner, vor allem in Ost-Europa, aber auch die liberalen Rabbiner in Mittel- und West-Europa.

Im Laufe der Entwicklung und der politischen Konkretisierungen hat sich die Religion in Israel als ein Ferment erwiesen, da sich die Ansprüche der jüdischen Orthodoxie, die den Erwählungsgedanken in Gesetzesfrömmigkeit umfunktionierten, mit den demokratischen Freiheits- und Toleranzgedanken der säkularen Majorität nicht vereinbaren ließen.

Herzl stellte sich die Lösung so einfach vor:

»Wir werden daher theokratische Velleitäten unserer Geistlichen gar nicht aufkommen lassen. Wir werden sie in ihren Tempeln festzuhalten wissen, wie wir unser Berufsheer in den Kasernen festhalten werden. Heer und Klerus sollen so hoch geehrt werden, wie es ihre schönen Funktionen erfordern und verdienen. In den Staat, der sie auszeichnet, haben sie nichts dreinzureden, denn sie werden äußere und innere Schwierigkeiten heraufbeschwören.«

Der Visionär des Judenstaates erkannte richtig, daß Heer und Klerus äußere und innere Schwierigkeiten heraufbeschwören werden, aber die einfache Lösung durch Festhalten in Kasernen und Synagogen erwies sich als völlig irreal.

Das Berufsheer konnte in einem Staat, der von permanenter Kriegsgefahr bedroht ist, nicht in seinen Kasernen festgehalten werden, aber auch das Festhalten des Rabbinats in den Synagogen oder Talmud-Lehranstalten erwies sich als nicht praktikabel, da die Vertreter der jüdischen Orthodoxie sich in politischen Parteien formierten und ihr gewichtiges Wort in der Führung des Staates Israel mitsprechen.

Herzls Ferne von der jüdischen Wirklichkeit zeigt sich schon in seiner Terminologie, wenn er hier ganz unbefangen von »Klerus« spricht. Es geht nicht um eine Priesterkaste, sondern um die breiten Massen orthodoxer Juden im Staate Israel, die die Grundsätze von Demokratie und Toleranz nicht kennen und anstelle dessen die kollektive Bürgschaft ganz Israels postulieren: »Ganz Israel haftet füreinander, einer für den anderen« (Siphra Lev 26,37).

Diese gegenseitige Bürgschaft resultiert aus dem Begriff der Erwählung. Da das ganze Volk erwählt ist, müssen die »Wächter des Gesetzes« darüber wachen, daß jedes Glied in diesem erwählten Volkskörper den Ansprüchen der Erwählung gerecht werde. Sie können daher dem europäischen Gedanken der Toleranz nicht Raum gewähren.

Daraus ergibt sich für den Staat Israel eine paradoxale Situation: Israel ist als Staat eine westliche Demokratie, mit einer großteils agnostischen Bevölkerung und einer teilweise theokratischen Gesetzgebung.

Das Parlament, die Knesseth, hat selbst für das ganze Gebiet des Personenstandsrechtes abgedankt und diesen Komplex, der vor allem Eheschließung und Ehescheidung umfaßt, dem orthodoxen Rabbinat und seinen geistlichen Gerichten überlassen.

Damit setzt der Staat Israel eine Tradition fort, das sogenannte Milet-System, das noch aus der Türkenzeit stammt. Dieses System sieht vor, daß das Personenstandsrecht den geistlichen Instanzen des Islam, der Christenheit und des Judentums untersteht.

Zwei Zitate aus Goethes »Faust« kennzeichnen die Situation: »Es erben sich Gesetz und Rechte / Wie eine ew'ge Krankheit fort.« Und schließlich: »Weh dir, daß du ein Enkel bist.«

Der Staat Israel ist in dieser Rechtsfrage der Enkel. Die Türken, die 400 Jahre Palästina beherrschten, waren die Väter.

Die Briten, die von 1918 bis 1948, dreißig Jahre lang, das Land regierten, übernahmen uneingeschränkt, gleichsam als die Söhne, jenes Milet-System, und der Staat Israel, als der Enkel, erweiterte es sogar.

Unter dem Mandat konnten Juden in Palästina, die eine ausländische Staatsangehörigkeit innehatten, bei ihren Konsulaten eine Ziviltrauung vornehmen und so das Rabbinat umgehen. Im Staate Israel kapitulierten alle Konsulate, so daß ein Jude oder eine Jüdin, die in Israel heiraten wollen, auf das Rabbinat angewiesen sind, auch wenn sie eine fremde Staatsangehörigkeit besitzen. Das stellt praktisch eine starke Einschränkung dar. Eine Mischehe ist in Israel nicht verboten, aber nicht möglich. Das Rabbinat traut keinen Juden mit einer Nichtjüdin und keine Jüdin mit einem Nichtjuden.

Auf diese Weise wird der Charakter des erwählten Volkes gewahrt, allerdings nicht in einem rassischen Sinn, denn jeder Nichtjude oder jede Nichtjüdin, die zum Judentum übertreten, gelten als völlig gleichwertig, mit einer Ausnahme: Ein Cohen, ein Priester, darf keine Konvertitin heiraten, aber auch keine geschiedene Frau, selbst wenn sie Jüdin ist.

Unter »Priester« ist hier nicht ein Rabbiner zu verstehen, sondern ein Abkomme des Hohepriesters Aaron (Bruder des Mose) aus dem Stamme Levi. Diese Tradition hat sich tatsächlich erhalten. Auf jüdischen Grabsteinen finden sich Embleme, die auf solche Abkunft hinweisen: die segnenden Hände der Priester.

Die Priester bildeten bis zur Zerstörung des Tempels in Jerusalem im Jahre 70 n. Chr. eine eigene Kaste, die im Heiligtum den sakralen Dienst versah. Das ist heute keineswegs mehr der Fall, die sogenannten »Priester« haben bürgerliche Berufe aller Art, da der sakrale Opferdienst seit rund zweitausend Jahren nicht mehr stattfindet und durch den Wortgottesdienst der Synagoge ersetzt wurde. Hier haben die »Priester« einige Prärogativen. Sie werden als erste zur Lesung aus der Thora aufgerufen und erteilen den Priestersegen der Gemeinde. Diese Funktion hat wieder große Bedeutung erlangt. Zum Laubhüttenfest, aber auch zu Passah und zum Wochenfest ziehen Tausende zur Westmauer, wo Hunderte von Priestern, eingehüllt in ihre Gebet-Shawls, mit gespreizten Fingern den Gläubigen den aaronitischen Segen erteilen.

Auf die Rechte und Pflichten des »Priesters« kann nicht verzichtet werden, es handelt sich um einen Character indelebilis, um eine unverlierbare Eigenart, wie sie sich auch im kanonischen Recht der katholischen Kirche findet, wo die Ordination zum Priester als dauernd gültig charakterisiert wird. Der Unterschied besteht darin, daß der katholische Priester durch die Ordination in seinen sakralen Stand erhoben wird, während es sich beim Cohen, dem jüdischen Priester, um eine Erbeigenschaft handelt. Der Cohen kann auf sein Priestertum auch nicht verzichten, da es sich hier um göttliche Erwählung im Sinne des Religionsgesetzes handelt.

Die Erwählung Israels ist, so gesehen, eine dreifache: Das ganze Volk ist erwählt, innerhalb des erwählten Volkes ist der Stamm Levi, der zum Dienst am Heiligtum bestimmt ist, erwählt, innerhalb dieses Stammes ist die Priesterkaste abermals erwählt.

Die Erwählung der Leviten dokumentiert sich heute nur noch in der Zeremonie des Händewaschens der Priester vor Erteilung des Segens. Deshalb tragen Grabsteine von Leviten oft das Symbol einer Kanne mit Becken.

Die Leviten werden, nach den sogenannten Priestern, als zweite zur Lesung der Thora aufgerufen. Das sind nur die letzten Rudimente ihrer ursprünglichen Funktion im Tempel zu Jerusalem, wo sie die Gesänge leiteten und so den sakralen Gottesdienst entscheidend mitgestalteten. Sie waren auch weitgehend die Lehrer des Volkes, das sie geistlich unterwiesen, gemeinsam mit den Priestern.

Es ist schwer vorstellbar, daß diese archaische, ständische Gliederung in einer modernen Demokratie weiterhin juridische Gültigkeit besitzt, da weder die Priester noch die Leviten heute einen eigenen Stand bilden.

Die levitisch-priesterliche Tradition, als Infrastruktur des erwählten Volkes, stellt daher eine rechtsgültige Fiktion dar.

Der Grund für diese paradoxale Situation ist ein dreifacher.

Auf niederster Ebene steht hier der Zwang der Koalition. Keine Regierung im Staate Israel, ob von sozialistischer oder konservativer Seite, konnte auf die Koalition mit den orthodox-klerikalen Parteien verzichten, und diese stellten als Bedingung immer die volle Gültigkeit des Religionsgesetzes in Personenstandsfragen.

Die Tatsache, daß die Knesseth (Parlament) diese Bedingung akzeptierte, resultiert aus zwei Gründen: Die Orthodoxen sind für die säkulare Majorität deshalb akzeptabel, weil sie kein eigenes außenpolitisches, wehrpolitisches und wirtschaftspolitisches Programm verfechten, sondern nur auf die Separatrechte des Rabbinats konzentriert bleiben, was allerdings weitgehende Folgen hat, vor allem durch die Befreiung der überaus zahlreichen Jeschiva-Schüler, einer Art Theologiestudenten, und der orthodoxen Mädchen vom Heeresdienst. Ebenso verlangen die Orthodoxen die finanzielle Unterstützung ihres ausgebreiteten Schulwerkes, das wiederum in zwei Strömungen unterteilt ist, die orthodoxe Staatsschule und das unabhängige Schulwerk der Ultra-Orthodoxen; unabhängig vom Erziehungsministerium, aber nicht vom Steuerzahler.

Wie erklärt es sich aber, daß alle diese Erschwerungen akzeptiert werden?

Hier müssen wir – auf einer zweiten Ebene – die Struktur der jüdischen Bevölkerung des Staates Israel berücksichtigen. Über 50 Prozent der Israelis stammen aus islamischen Ländern des Orients und Nord-Afrikas – Marokko, Algier und Tunis –, wo eine Trennung von Religion und Staat unbekannt war. Golda Meir, von 1969–1974 Ministerpräsidentin des Staates Israel, veranstaltete in ihrer sozialdemokratischen Fraktion eine Rundfrage, ob im Staate Israel eine alternative Zivilehe eingeführt werden soll in Fällen, in welchen das orthodoxe Rabbinat eine Eheschließung verbietet. Alle Abgeordneten aus orientalischen und nordafrikanischen Ländern lehnten das rundweg ab, da eine solche Regelung die Arbeitspartei viele Stimmen kosten würde. Wenn schon sozialistische Abgeordnete sich so verhielten, wäre das bei der konservativen Likud-Partei sicher noch stärker zum Ausdruck gekommen.

Die dritte Ebene ist die psychologische der Atavismen. Ludwig Klages (1872–1956), Psychologe und Graphologe aus dem George-Kreis, veröffentlichte um 1928 ein Buch unter dem Titel »Der Geist als Widersacher der Seele«. Genau diese Formulierung trifft auf die Situation in Israel zu. Ein großer Teil der jüdischen Bevölkerung ist intellektuell mit der Religion eigentlich fertig, hat sich weltanschaulich ganz von Glaube und Tradition gelöst. Dabei geht es weniger um einen philosophisch strukturierten Atheismus, mit dem man sich auseinandersetzen könnte, sondern um eine Indifferenz, die keine Diskussion ermöglicht. Gleichzeitig aber gibt es Tiefenbindungen der Seele, die in Widerspruch zu dieser Haltung stehen.

So wird die Beschneidung am achten Tage der neugeborenen Knaben lückenlos durchgeführt, obwohl es sich um ein Sakrament handelt: Gott gebietet dem Abraham dieses Zeichen des Bundes der Auserwählung (Gen 17,9). Die theologischen Voraussetzungen fehlen bei vielen Eltern, dennoch wird die Zeremonie vollzogen und damit der Charakter der Auserwählung symbolisch erhalten.

Das trifft auch auf die Gemeinschaftssiedlungen der Kibbuzim zu, die sehr häufig eine fast militante antireligiöse Haltung einnehmen.

Man erkennt also, daß der Staat Israel gleichsam das Mündungsgebiet von zwei heterogenen Strömen darstellt, des langen Stromes der Zionssehnsucht, mit Abraham beginnend, und des relativ kurzen Stromes des politischen Zionismus, der in Basel 1897, auf dem Ersten Zionistenkongreß, entsprang.

Das Volk Israel, in der Nachfolge Abrahams, empfand sich fraglos als das Volk der Erwählung, während das Staatsvolk Israels als eine moderne Nation, im Rahmen der Vereinten Nationen, zu gelten hätte.

Dies ist aber nicht der Fall. Man legt andere Maßstäbe an den Staat Israel an als an andere Staaten. Das wird in Israel oft als Ungerechtigkeit und Ausdruck des Antisemitismus empfunden, hängt aber mit dem kontroversen Selbstverständnis Israels aufs innigste zusammen.

Israel sieht sich als das Volk der Erwählung und wird daher dementsprechend beurteilt. Was anderen Völkern und Staaten erlaubt ist, darf sich Israel nicht erlauben.

Es gibt kaum einen Staat, der nicht auf okkupierten Gebieten errichtet oder erweitert wurde. Würde man die Vereinigten Staaten von Amerika auf die Okkupation indianischer Territorien festlegen, so brächen sie zusammen. Auch in Europa könnte kaum ein Staat seine heutigen Grenzen, insbesondere nach dem Zweiten Weltkrieg, für endgültig erklären, wenn alle besetzten Gebiete wieder ihren ursprünglichen Bewohnern retourniert würden. Im Falle Israel aber sollen diese Grundsätze keine Geltung haben.

Allerdings muß man einräumen, daß der Staat Israel die Gründung eines Volkes darstellt, das fast zwei Jahrtausende von seinem Boden getrennt war.

Nur im Falle Israel gibt es eine religiöse Tiefenbindung an das Land, die sich auf den Doppelbegriff der Erwählung des Volkes und des Landes durch göttliche Verheißung gründet.

Während diese Konstruktion nicht unbestritten bleibt, sieht man die Politik Israels unter biblischen Gesichtspunkten, die nicht selten mißverstanden werden.

So wird jede Maßnahme Israels zu seiner Verteidigung gegen arabische Terrorangriffe unter dem Wort »Auge um Auge, Zahn um Zahn« (Lev 24,20) gebrandmarkt, wobei man völlig übersieht, daß es sich hier nicht um ein Jus talionis handelt, sondern um Schadenersatz. Nach Auffassung des Judentums muß der Geschädigte durch den Täter entschädigt werden, wobei z. B. die Hand eines Handwerkers höher zu bewerten ist als die eines Schriftgelehrten, da der Handwerker durch Verletzung der Hand seines Berufes verlustig geht, während der Schriftgelehrte sein Lehramt weiter ausüben kann.

Man mißt das Volk der Bibel als das Volk der Erwählung, aber nicht als das Volk der Verheißung, dessen Rechte auf das Land der Verheißung derselben Bibel zu entnehmen sind.

Das jüdische Volk hat oft und oft, von den Tagen Samuels bis in die Gegenwart hinein, den Wunsch gezeigt, wie alle Völker zu werden. Es ist ihm nie gelungen, denn nicht was dieses Volk will, ist entscheidend, sondern was mit ihm gewollt ist. Das gilt auch für den Staat Israel, so schwer sich das Schicksal der Erwählung in einem modernen Staat konkretisieren läßt.

Erwählung im Café

In seinem Buch »Das Judentum« (München 1991) bemerkt Hans Küng:

»Dieser eine Gott der ganzen Menschheit hat nun freilich – so zumindest das Zeugnis der biblischen Schriften – unter allen Völkern das Volk Israel in besonderer Weise erwählt. Der *eine Gott* und *sein Volk* und *Land*: Hier stoßen wir zum Zentrum des israelitischen Glaubens vor, das für die stets neue Identitätsfindung und Konsensbildung im Judentum von fundamentaler Bedeutung ist« (S. 63).

Hier wird in knappster Form der Sachverhalt ausgedrückt, der tatsächlich für die stets neue Identitätsfindung nicht nur von fundamentaler Bedeutung, sondern von immer neuer Schwierigkeit ist.

Jahrhundertelang konnte diese Erkenntnis ungebrochen bewahrt werden, wenn auch in krassem Gegensatz zur Realität. Das Volk der Erwählung war das verachtetste unter den Völkern und sein Land in unerreichbarer Ferne unter fremder Herrschaft, von den Römern über die Kreuzfahrer bis zu den Arabern und Türken ... Trotz all dieser äußeren Hemmnisse blieb die Konzeption als solche aber innere Realität des Judentums. Erst im 19. Jahrhundert, unter dem Einfluß von Emanzipation, Assimilation und jüdischer Reformbewegung, ändert sich die Struktur. Der Gedanke der Erwählung des Volkes wird aufrechterhalten, aber unter Verzicht auf das Land. Erwählung und Verheißung, die von der Bibel her eine unlösbare Einheit bilden, werden nun getrennt. Israel soll als ein Priestervolk der Menschheit den einen wahren und lebendigen Gott (und seine ethischen Forderungen an den Menschen) in aller Welt bezeugen, während die Bindung an ein Land, das gelobte (verheißene) Land, preisgegeben wird.

Gegen Ende des 19. Jahrhunderts wird durch den Zionismus – ohne wörtliche Erwähnung von Erwählung und Verheißung – das ursprüngliche Gleichgewicht in nüchterner Sprachform wiederhergestellt. Das zionistische Programm (Basel 1897) fordert eine »öffentlich rechtlich gesicherte Heimstätte für das jüdische Volk in Palästina«.

Eine biblische Begründung oder dogmatische Aussage fehlt hier, wird ganz bewußt nicht erwähnt, aber gewissermaßen als bekannt vorausgesetzt. Ungenannt, aber unterschwellig, sind in diesem nüchtern-politischen Programm die Elemente von Erwählung und Verheißung mitgegeben, denn wie könnte sonst dieser Anspruch anders begründet werden?

Bis heute ist das die Frage. Von den Gegnern – oder auch nur kritischen Betrachtern – des Staates Israel wird immer wieder die Frage erhoben, ob man die Welt so aufteilen könne, wie sie vor zweitausend Jahren gegliedert war. Müßten da nicht etwa die Italiener, als Nachkommen der Römer, große Teile Europas und des Mittleren Ostens beanspruchen? Vergleichsweise jünger wäre der Anspruch Ungarns auf weite Teile Europas historisch zu rechtfertigen, noch jüngeren Datums wäre die Vormachtstellung Schwedens in Europa. Niemand, nur das jüdische Volk erhebt solche Ansprüche auf »sein Land«. Diese Ausnahmestellung ist nur theologisch zu begründen: in Erwählung und Verheißung.

Die geschehende Geschichte kam und kommt diesem ungewöhnlichen Anspruch dadurch entgegen, daß – im

Gegensatz zu anderen Völkern – das jüdische Volk landlos geblieben ist und alle Versuche der Juden in den verschiedensten Ländern, voll integriert zu werden, scheiterten. Das mag wiederum mit dem Gedanken der Erwählung zusammenhängen, denn ein auserwähltes Volk kann gar nicht in einem anderen Volk voll integriert werden, ohne seinen Charakter zu verlieren, der ihm gleichsam von oben aufoktroyiert ist.

Das Land der Verheißung aber blieb verwaist. Dünn besiedelt und wenig kultiviert, wechselte es ständig die Fremdherrschaft, bis 1948 nicht die Errichtung, sondern die Wiedererrichtung des Staates Israel ein neues Kapitel bildete.

Die Erkenntnis Küngs, daß diese Zusammenhänge von Erwählung und Verheißung immer wieder neue Identitätsfindung fordern, bildete den Mittelpunkt eines Gesprächs mit einer deutschen evangelischen Theologie-Studentin in meinem Jerusalemer Stamm-Café »Atara« an der Ben-Jehuda-Straße, der Fußgängerzone der Weststadt.

Meine Gesprächspartnerin blickt auf die meist heiteren Menschen an den Tischen ringsum und auf den Strom der vorbeiziehenden Menge, darunter sehr viel Jugend, und sie stellt die Frage, ob und wie sich diese säkular wirkenden Zeitgenossen ihrer Erwählung bewußt sind?

Sieht so ein priesterliches Reich und heilig Volk aus? Ich antworte mit einer Gegenfrage: Ist in einem ähnlichen Boulevard-Café in einer deutschen Stadt oder sonstwo in Europa oder Amerika zu erkennen, daß die meisten Gäste der Kirche angehören, die sich als die Gemeinschaft der Heiligen oder Geheiligten bezeichnet? Tragen die Menschen dieser Gemeinschaft das Siegel der Erlösung im Antlitz?

Es ist die große Schwierigkeit der institutionalisierten Religionen, ihre Theologumena, ihre dogmatischen Leitsätze, auf die Wirklichkeit des Tages zu übertragen. Immer wieder deckt die Lava der Banalität das Feuer des Glaubens zu.

Das ist in Judentum und Christentum nicht allzu verschieden, und dennoch scheint es mir im Judentum eine Tiefenschicht zu geben, ein kollektives Unterbewußtsein, in welchem sich ein verdrängtes Wissen behauptet, ein Wissen der Seele, das vom Intellekt nicht mehr bewältigt werden kann.

Auf die direkte Frage an die Menschen hier in unserem Umkreis: »Fühlen Sie sich auserwählt?« würden die meisten verständnislos lächelnd den Kopf schütteln. Aber auf die zweite Frage: »Erheben Sie Anspruch auf dieses Land Israel?« werden die meisten mit einem lauten und deutlichen »Ja« antworten.

Fragt man nun weiter nach der Begründung dieses Anspruchs, wird mit historischen Argumenten geantwortet, deren mangelnde Stichhaltigkeit wir oben skizziert haben. Es bleibt dann letztlich doch nur der Rückgriff auf die Bibel, die nicht mehr weiter hinterfragt werden kann.

Wie steht es nun aber um dieses Verhältnis zur Bibel bei Atheisten, Agnostikern, Pantheisten, Theisten, Ungläubigen aller Art in Israel?

Die Bibel – gemeint ist hier die hebräische Bibel, das sogenannte Alte Testament – ist für viele Israelis zwar nicht das Wort Gottes, nicht das Buch der Offenbarung, aber die Grundlage unserer Existenz im nationalen, historischen, aber auch sprachlichen Sinn, denn in Israel fand die Wieder-Erweckung der hebräischen Sprache als lebendige Umgangssprache statt.

Es ist ein Irrtum, das biblische Hebräisch und das moderne Ivrith als zwei verschiedene Sprachen darzustellen. Der Unterschied ist nicht so gravierend wie etwa zwischen Alt- und Mittelhochdeutsch und der heute gesprochenen und geschriebenen deutschen Sprache; ja sogar moderne Ausdrücke wie Elektrizität konnten im biblischen Vokabular eine Entsprechung finden.

Dieses ganz neue Verhältnis zur hebräischen Bibel als dem Grundbuch des israelischen Selbstverständnisses muß hier berücksichtigt werden. Wenn Erwählung und Verheißung auch nicht mehr von vielen im ursprünglichen, ungebrochenen Verständnis nachvollzogen werden können, so haben sie doch im Prozeß des Gestaltwandels Israels – von einer religiös-nationalen Minderheit in allen Ländern der Diaspora zu einem Staatsvolk – ihrerseits einen Gestaltwandel erlebt, der als Realität bewältigt werden muß.

Die Mehrzahl der Juden in Israel und in der Diaspora empfindet sich nicht mehr als die von Esra nach dem Babylonischen Exil begründete Gesetzesgemeinde, wohl aber als eine Schicksalsgemeinschaft, in welcher unterschwellig Erwählung und Verheißung weiterwirken.

Es gibt radikale jüdische Fundamentalisten, die diesem Israel und dem heutigen Judentum die Legitimität rundweg absprechen, nur sich selbst als den »Rest der Bewahrung« empfinden. In diesen Kreisen ist eine messianische Nah-Erwartung aufgebrochen, oft verbunden mit der Hoffnung auf Umkehr und Rückkehr des in die Irre gegangenen Volkes, das sich seiner Erwählung nicht mehr bewußt ist. Der Messias wäre, so gesehen, nicht der Vollender der Erlösung, sondern der Retter aus tiefster Not, die nicht in äußerer Bedrückung, wohl aber im Verlust von Gesetzesgehorsam und Sendungsbewußtsein besteht.

Man darf aber in diesen Zusammenhängen die furchtbare Zeit der Gottesfinsternis des Holocaust nicht verdrängen. In ihr wurden für Millionen Juden die Begriffe von Erwählung und Verheißung nicht nur fadenscheinig, sondern sie wurden fast wie ein Hohn empfunden.

Ich sage meiner Gesprächspartnerin, daß sie auf dem Arme vieler noch die Nummer von Auschwitz erkennen könne. Wie sollen die Menschen dieser grausamen Prüfungszeit, die wenigen Überlebenden des Massentodes, an dem Grundakkord von Erwählung und Verheißung festhalten können? Vielen ist in den Gaskammern Gott selbst mit verbrannt oder erstickt.

Trotz vereinzelter Ansätze bei amerikanisch-jüdischen Theologen – wie bei Richard L. Rubenstein in seinem Buch »After Auschwitz« – hat sich im Judentum keine »Theologie nach dem Todes Gottes« durchgesetzt, ja Rubenstein selbst hat diesbezüglich doch wieder eine Revision vorgenommen. Eine Theologie nach dem Tode Gottes, wie sie in der amerikanischen protestantischen Theologie und in Deutschland, etwa bei Dorothee Sölle, zu finden ist, konnte im Judentum nicht entstehen, da die Akzent-Verlagerung von dem gestorbenen Gott auf seinen lebendigen Sohn, Jesus Christus, naturgemäß keinen Raum finden konnte.

Eine Theologie nach dem Tode Gottes entstand nicht, aber ein »Judentum nach dem Tode Gottes«, das nicht theologisch, sondern existentiell zu Buche schlug. Der glaubenslose Jude hat dennoch den Anspruch auf Erwählung und Verheißung nicht völlig aufgegeben, sondern ihn säkularisiert.

Israel bleibt das Volk der Erwählung, nun vorwiegend in einem tragischen Sinn, als die Gemeinschaft, die nicht untergehen kann, die in rätselhafter Konsistenz durch die Geschichte dauert. Ausgehend von diesem Wesen jüdischer Substanz ergibt sich wiederum der Anspruch auf das verheißene Land, sogar bei Juden, die selbst, etwa in Amerika, gegenwärtig nicht an die Übersiedlung in dieses nationale Refugium denken.

Dieser Anspruch auf das Land der Verheißung für Juden anderer Länder stand schon am Anfang der zionistischen Geschichte. Noch bevor Theodor Herzl mit seiner Staatsschrift »Der Judenstaat« zu dem großen Durchbruch des Zionismus führte, ging ihm der erste politische Zionist in Deutschland, Max Bodenheimer, in Köln mit einer Broschüre »Wohin mit den russischen Juden?« voran, wo Palästina und Syrien als Siedlungsgebiet für diese im Zarenreich unterdrückte Gemeinschaft projektiert wurden, nicht aber für die deutschen Juden selbst, die sich als deutsche Staatsbürger jüdischen Glaubens im kaiserlichen Rechtsstaat empfanden. Es ist typisch für das jüdische Schicksal, daß der Mann, der Palästina für die russischen Juden projektierte, selbst nach 1933 in Jerusalem Zuflucht suchte und fand.

Die amerikanischen Juden erkennen zwar heute noch keineswegs, daß auch sie präsumtive Bürger des Judenstaates sind, aber das Beispiel der russischen Juden, die erst in den achtziger und neunziger Jahren unseres Jahrhunderts in großen Massen in das Land strömten, da sie im »sowjetischen Heimatland« nicht Wurzeln schlagen konnten, kann ihnen zum warnenden Symbol werden.

Zusammenfassend läßt sich sagen, daß Erwählung und Verheißung als unauflöslicher Doppelbegriff eine tiefgehende Wandlung erfahren haben, ohne ihre Aktualität zu verlieren.

Das Bewußtsein dieser Aktualität hat sogar Randgruppen wie die sogenannten messianischen Juden ergriffen, die sich früher Hebrew-Christians oder Judenchristen nannten. »Messianische Juden« ist eigentlich ein Tarnname, denn gemeint sind getaufte Juden.

Messianische Juden sind eigentlich alle Juden, die an das Kommen des Messias glauben; gemeint sind aber Juden, die an den gekommenen Messias Jesus von Nazareth glauben. In früheren Generationen war die Taufe von Juden gleichbedeutend mit ihrem Austritt aus dem Judentum, sie vollzogen damit den letzten Schritt der Trennung von ihrem Volk, wurden oft bittere Feinde des Judentums. Heute aber gibt es in Israel (und in der Diaspora) Juden und jüdische Gemeinschaften, die sich keiner heidenchristlichen offiziellen Kirche mehr anschließen, sondern die jüdische Ur-Gemeinde wiederherstellen wollen, sich als Juden im Sinne der Erwählung empfinden und den Anspruch auf das Land der Verheißung für sich geltend machen. Der Bund der Erwählung wird für sie zwar im Neuen Bund integriert, aber keineswegs annulliert, und sie empfinden die Landverheißung als gültig, auch für sich selbst. Ich will hier die theologische Legitimität dieser »Juden für Jesus« (dieser Name wird vor allem von derartigen Gruppen in den USA gebraucht) nicht diskutieren, sondern nur die Tatsache festhalten, daß die Grundgedanken von Erwählung und Verheißung selbst nicht mit dem Wasser der Taufe abgewaschen werden.

Weder Christentum noch Kommunismus konnten die Judenfrage lösen, denn das objektive Schicksal, das mit dem theologischen Begriff der Erwählung umschrieben werden kann, erwies sich als stärker. Wie weit es dem Zionismus gelingen wird, diese Frage zu lösen, müssen erst die kommenden Jahrzehnte, ja vielleicht Jahrhunderte, erweisen. Erwählung und Verheißung dauern durch die Zeiten, die Verwirklichung aber wird jeweils von den Zeiten geformt.

Ob ich das meiner Gesprächspartnerin in dem Jerusalemer Café deutlich machen konnte, wage ich nicht zu entscheiden. Ich meine gesehen zu haben, daß die Frage weiter in ihrem Auge stand, in ihrer zweifelnden Miene, in ihrer elegischen Antwort: »Vielleicht ...«

Die ungleichen Söhne Abrahams

Das 22. Kapitel der Genesis, das von der Bindung (nicht Opferung) Isaaks und der Bestätigung der Verheißung an Abraham handelt, beginnt mit den Worten:

»Es war nach diesen Begebenheiten, daß Gott den Abraham versuchte und zu ihm sprach: Abraham, und er sprach: Hier bin ich. Er (Gott) sprach: Nimm doch deinen Sohn, deinen einzigen, welchen du liebst, den Isaak, und gehe in das Land Moria, und bringe ihn dort zum Opfer dar auf einem der Berge, den ich dir ansagen werde.«

Die zögernde Anrede Gottes an Abraham haben die Rabbinen zu einem Dialog erweitert.

»Nimm doch deinen Sohn –
    Ich habe aber zwei Söhne,
deinen einzigen –
    Jeder ist ein einziger,
    der Sohn der Hagar und der Sohn der Sara.
den du liebst –
    Ich liebe beide.
den Isaak –.«

Noch der revidierte Luther-Text vom Jahre 1973 hat die Pointe dieser Anrede überhaupt nicht verstanden und übersetzt ganz falsch: »Nimm Isaak, deinen einzigen Sohn, den du lieb hast...« Wenn der Name Isaak gleich zu Anfang genannt wird, fällt jene Reihenfolge weg, die der massoretische Text bietet und die die Grundlage für den oben erwähnten Dialog zwischen Gott und Abraham darstellt; vielleicht auch einen Hinweis auf die Barmherzigkeit Gottes geben soll, der die schwere Prüfung nur gewissermaßen stufenweise dem Geprüften zumutet.

Abraham, der nach jedem Anruf Gottes, aber auch auf die Frage seines Sohnes Isaak nach dem Opferlamm, mit dem Bereitschaftswort »Hineni«, »Hier bin ich«, antwortet, wird im Augenblick, da er das Opfermesser an die Kehle des Sohnes ansetzen will, vom Zuruf eines Engels daran verhindert, opfert anstelle des Sohnes einen Widder, der sich im Gebüsch verfangen hatte – und wird nun für seinen Gehorsam gesegnet:

»Und der Engel des Herrn rief Abraham abermals vom Himmel her und sprach: ich habe bei mir selbst geschworen, spricht der Herr: Weil du solches getan hast und hast deinen einzigen Sohn nicht verschont, will ich dein Geschlecht segnen und mehren wie die Sterne am Himmel und wie den Sand am Ufer des Meeres, und die Erben deines Samens sollen die Tore deiner Feinde einnehmen; und durch dein Geschlecht sollen alle Völker auf Erden gesegnet werden, weil du auf meine Stimme gehört hast.«

Es scheint mir angebracht, daß man einen Augenblick innehält und hier die beiden Gipfel der Heilsgeschichte, Moria und Golgatha, miteinander vergleicht. Auf beiden verlangt Gott das Sohnesopfer. Auf Moria begnügt er sich aber mit dem Gehorsam, auf Golgatha muß das Opfer bis zum bitteren Ende durchlitten werden, endend mit dem Verzweiflungsschrei: »Mein Gott, mein Gott, warum hast du mich verlassen!«

Im Lichte dieser Konfrontation sollten die Klischees hinterfragt werden: im Alten Testament (und damit im Judentum) der Gott der Rache, im Neuen Testament (und damit im Christentum) der Gott der Liebe. Der JHWH des Alten Testaments zeigt sich auf Moria als der Barmherzige, und mit der Freigabe Isaaks wird das Menschenopfer überwunden. Der Vatergott auf Golgatha besteht aber auf dem Sohnesopfer, ja des eigenen Sohnes, was einen Rückfall in das archaische Menschenopfer bedeutet. Nur durch dieses Opfer versöhnt sich der Gott des Neuen Testaments mit der Welt und sich selbst.

Aber zurück zu der Verheißung an Abraham. Sie bezieht sich primär zwar auf Isaak, erfährt aber zugleich eine universelle Erweiterung auf alle Geschlechter der Erde.

Die rabbinische Exegese wendet sich zunächst dem Vergleich zu, der von den Sternen des Himmels und vom Sand am Meer spricht, und meint, daß ein Israel, das den Bund mit Gott und seine Gebote bewahrt, wie die Sterne des Himmels leuchtet, ein treuloses Israel aber wertlos wie der Sand am Meer zertreten wird.

In dieser Deutung zeigt sich die immer wiederkehrende Relativierung der Verheißung, die an die Bundestreue gebunden erscheint.

Nun aber kann Verheißung nicht nur in der nationalen Interpretation verstanden werden, denn es ist ja von allen Völkern der Erde die Rede, die mit einbezogen sind, und die Erben des Samens Abrahams werden speziell erwähnt. Zu diesen Erben gehören aber auch die Nachkommen des erstgeborenen Sohnes Abrahams, des Ismael, Sohn der Ägypterin Hagar und Stammvater der arabischen Völker. Ihm gilt ebenfalls eine Verheißung Gottes: »Ich will ihn zu großem Volke machen.« Und bereits vorher (Gen 17,20) spricht der Herr zu Abraham: »Und für Ismael habe ich dich auch erhört. Siehe, ich habe ihn gesegnet und will ihn fruchtbar machen und über alle Maßen mehren. Zwölf Fürsten wird er zeugen...«, und etwas später (Gen 25,16) wird nochmals betont, daß aus den Lenden Ismaels zwölf Fürsten, gemäß den ihm entsprossenen Stämmen, erstehen werden.

Es ist auffällig, daß lange vor der Nennung der zwölf Söhne Jakobs, der Stammväter der zwölf Stämme Israels, die die spätere Amphiktyonie bilden, die zwölf Stammesfürsten Ismaels genannt werden.

Wenn das Land der Verheißung, Kanaan, den Nachkommen Isaaks zugedacht bleibt, so hat auch Ismael sein von Gott angewiesenes Gebirge Seir, entsprechend dem Gebiete Moab – im heutigen Königreich Jordanien –, erhalten.

Eine unverkennbare Ambivalenz durchzieht die Vätersagen der Genesis. Man kann deutlich erkennen, daß der Redaktor (R) die Verheißung und Erwählung auf Isaak, Jakob und seine Söhne beschränken will, aber offenbar durch die Tatsache der arabischen Präsenz zu Korrekturen gezwungen wird, so daß eine pansemitische Synthese das Ergebnis darstellt.

Im Grundbuch der Kabbala, dem Buch Sohar – das die Tradition einem Zeitgenossen Akibas, dem Rabbi Simon Bar Jochai zuschreibt, die kritische Forschung aber einem mittelalterlichen Autor, Mose de Leon –, wird darauf hingewiesen, daß die oft fast banal wirkenden Erzählungen der Eifersüchteleien der Sara gegen ihre Rivalin Hagar nicht wörtlich zu verstehen seien, sondern tiefe kosmische Geheimnisse enthielten. Wenn wir auch solche Doppelbödigkeit der Texte nicht nachvollziehen können, so tut sich uns doch die Aktualität der Berichte – über das Episodenhafte hinaus – gerade in der Gegenwart auf.

Der Konflikt zwischen den Söhnen Abrahams, den Nachkommen Ismaels und Isaaks, hat durch die zweite Landnahme des jüdischen Volkes, die in der Errichtung und Erweiterung des Staates Israel gipfelte, den vehementen Protest der Araber Palästinas und der arabischen Anrainer-Staaten ausgelöst. Dieser Konflikt geht nicht auf die Staatsgründung Israels von 1948, nicht auf die Anerkennung einer jüdischen nationalen Heimstätte in Palästina in der Balfour-Deklaration von 1917 zurück – sondern auf Urväter Zeiten.

Es ist mir kein politischer Konflikt bekannt, dessen Wurzeln viertausend Jahre zurückreichen; das aber ist der Fall im Land der Verheißung, das unlösbar mit der Erwählung Israels zusammenhängt.

Von hier aus, von der Urgeschichte der Juden und Araber, der feindlichen Brüder, ist die Problematik der Gegenwart zu erfassen, zeigend, daß es sich hier nicht nur um archaisches Sagengut handelt, sondern zugleich um fortwirkende Spannung zwischen verwandten Völkern.

Ismael und Isaak waren einander nicht hold, aber an der Leiche ihres Vaters Abraham vereinigten sie sich und begruben ihn gemeinsam in der Höhle Machpela in Hebron, die Abraham selbst beim Tod seiner Frau Sara als Erbbegräbnis käuflich erworben hatte.

Diese Gemeinsamkeit ist heute vergessen. Die Höhle Machpela ist heilige Stätte der Juden und Araber, eigentlich nicht die Höhle selbst, sondern die Moschee, die sich darüber erhebt; sie wird von den Arabern beansprucht, ist aber fraglos auch den Juden als zugehörig zu betrachten. Niemand denkt heute daran, diese heilige Stätte des Judentums und des Islam zum Schauplatz ökumenischer Begegnung zu machen, was doch der biblischen Tradition entsprechen würde.

Das Motiv der feindlichen Brüder zieht sich weiter durch die Vätersagen, behält so seine Aktualität, zunächst für die unmittelbar kommenden Generationen. So wie Isaak und Ismael feindliche Brüder waren, bleiben es dann auch Jakob und Esau, und schließlich sogar Joseph und seine Brüder.

Der Bruderzwist im Hause Abrahams scheint nicht minder dauerhaft als Erwählung und Verheißung Israels, bildet gleichsam den Schatten jenes Lichtes, das mit der Erwählung verbunden ist: »Es ist nicht genug, daß du mein Knecht bist, die Stämme Jakobs aufzurichten und die Zerstreuten Israels wiederzubringen, sondern ich habe dich zum Licht der Völker gemacht, daß du mein Heil seist bis an die Enden der Erde« (Jes 49,6).

Der unbekannte Tröster des babylonischen Exils, den wir Deuterojesaja nennen, gibt hier der Erwählung Israels eine missionarische Interpretation. Israel, der Knecht Gottes, der gerade in diesem zweiten Teil des Jesajabuches als Knecht Gottes, Knecht Jakob, tituliert wird, ist nicht nur dazu erwählt, die Einheit des Volkes wiederherzustellen, sondern hat zugleich die Aufgabe, als ein Licht der Völker die ihm zuteil gewordene Gotteserkenntnis zu verbreiten.

Es ist nicht in Abrede zu stellen, daß das jüdische Volk – erniedrigt durch die jahrhundertealte Leidensgeschichte unter den Völkern der Erde, in Christentum und Islam – dieser Aufgabe nicht gerecht wurde und nicht gerecht werden konnte. Die Tochterreligionen, Christentum und Islam, haben sich dieser vom Volk der Erwählung nicht bewältigten Aufgabe bemächtigt, dabei die Mutter völlig entmachtend. Erst als im 19. Jahrhundert sich durch die Emanzipation, infolge der napoleonischen Eroberungen in Europa, die bürgerliche Lage der Juden entscheidend besserte, versuchte die jüdische Reformbewegung sich dieser Aufgabe wieder bewußt zu werden, aber unter ausdrücklichem Verzicht auf die Landverheißung.

Die Situation der Zerstreuung Israels wurde nun positiv interpretiert. Israel wurde als landloses Volk zu der Aufgabe prädestiniert gesehen, das Licht einer ethischen Gotteserkenntnis in der Welt zu verbreiten. Dabei wurde nicht an eine Mission des Judentums gedacht, sondern an einen ethischen Monotheismus, der nicht an Gesetz und Kult gebunden erschien. Der englisch-jüdische Autor Israel Zangwill meinte in diesem Zusammenhang spöttisch: »Die Juden sind ein missionarisches Volk, ohne einen einzigen Missionar.«

Was hier ironisch gemeint war, behält aber seine Richtigkeit. Mission des erwählten Volkes ist in einem existentiellen Sinn zu verstehen. Israel soll im Sinne der Zeugenschaft für Gott den Völkern gleichsam zum Leuchtturm in der Nacht der Gottesfinsternis werden, was aber nicht erkannt und gewährt wurde.

Wie gesagt, haben sich Christentum und Islam dieser Aufgabe bemächtigt, was schon die Klassiker der jüdischen Scholastik des spanischen Kulturkreises, Jehuda Halevi und Maimonides erkannten, die in Jesus eine Art Vorläufer des kommenden Messias sahen, ja Maimonides meinte sogar, daß auch Mohammed diese Aufgabe zugefallen sei, eine Art Wegbereiter für den Kommenden unter den Völkern zu sein.

Es ist merkwürdig, daß die Auffassung der Reformer des 19. Jahrhunderts im deutschen Judentum und im Judentum Amerikas, die Erwählung und Verheißung voneinander trennen wollten, die Erwählung im Sinne des Lichtes der Völker festhielten, aber um dieses Auftrages willen auf die Landverheißung verzichteten, durch die Entwicklung widerlegt wurde. Gerade dem im Staate Israel wiedererstandenen jüdischen Volk bietet sich stärker denn je die Chance existentieller Mission, die allerdings viel zu wenig wahrgenommen wird, was natürlich damit zusammenhängt, daß ein Großteil der jüdischen Bevölkerung Israels sich der Erwählung und des damit verbundenen missionarischen Auftrags nicht mehr bewußt ist.

Es sind bibelgläubige Christen, die Israel im Lichte von Erwählung und Verheißung sehen. So hat sich nach 1967, als viele Botschaften aus politischen Gründen Jerusalem verließen, eine Christian Embassy (christliche Botschaft) gebildet, die in Jerusalem meist freikirchliche Gemeinschaften aus Amerika und Europa vertritt und Erwählung und Verheißung Israels voll anerkennt, eine Haltung, die dem Christentum vergangener Generationen völlig fremd war.

Wenn es auch eine solche Wende im Christentum gibt – Ansätze dazu finden sich auch in den offiziellen Amtskirchen, so zum Beispiel in einer Erklärung der Deutschen Katholischen Bischöfe von 1980 und in Entschließungen der Synoden Evangelischer Landeskirchen des Rheinlandes und der Kirche von Berlin-Brandenburg –, so fehlen doch entsprechende Stimmen aus der Welt des Islam. Ökumenische Gesinnung ist dem islamischen Fundamentalismus, der heute eine Weltbedrohung darstellt, völlig fremd.

Der Haß Ismaels gegen Isaak dauert an. Nichts ist so dauerhaft wie Konflikte in der eigenen Sippe, das haben bereits die Weisen Israels erkannt. Wenn der Prophet Jesaja sagt: »Friede, Friede, dem Fernen und dem Nahen«, fragten sie, warum stehen die Fernen vor dem Nahen? Weil es leichter ist, den Frieden mit den Fernen zu schließen als mit den Nahen.

Gerade weil die arabischen Brudervölker uns so nahe sind, ist es so schwer, mit ihnen zum Frieden zu gelangen, und doch muß gerade aus der Erwählung Israels, aber auch Ismaels, der Friede erwachsen.

Die Frauen

Das biblische Hebräertum stellt einen sakralen Männerbund dar. Das Zeichen des Bundes, die Beschneidung des männlichen Gliedes, weist unverkennbar darauf hin, denn es gibt kein weibliches Äquivalent für das Sakrament der Beschneidung.

Der Bund wird mit den Söhnen Israels geschlossen. Das Volk der Erwählung wird durchgängig mit »Söhne Israels« angeredet.

Wenn im Deutschen dafür in den meisten gängigen Bibelübersetzungen die Bezeichnung »Kinder Israels« gewählt wird, so liegt hier bereits eine irreführende Übersetzung vor, wiewohl auch die jüdische Exegese die Frauen natürlich mit einbezieht; auch sie stehen am Sinai, aber es wird den Männern eingeschärft, während der drei Tage der Wartezeit vor der Offenbarung keine Frau zu berühren. Vermutlich hängt die Beschränkung der Kultfähigkeit der Frauen mit ihrer monatlichen Regel zusammen, in der sie als unrein gelten.

Die patriarchalische Grundhaltung entspricht sicher nicht dem modernen Lebensgefühl, aber das Zeugnis der Bibel wird von ihr getragen, ein Problem, mit dem sich der theologische Feminismus auch im Judentum, vor allem im amerikanischen, auseinandersetzen muß.

In der Liturgie wird Gott als »unser Gott und Gott unserer Väter, Gott Abrahams, Isaaks und Jakobs« angeredet (merkwürdigerweise nie als Gott Mosis, der liturgisch nur als der Mittler der Thora erscheint).

Feministische Theologinnen des amerikanischen Reformjudentums haben versucht, diese Formel zu erweitern und sprechen vom »Gott unserer Väter und Mütter, Gott Saras, Rebekkas, Rahels und Leas«. Sie gingen so weit, auch ein Gebet an die Schechina, die weibliche Emanation Gottes im Sinne der kabbalistischen Mystik, zu verfassen.

Jede Anbetung der Schechina aber ruft peinliche Erinnerungen wach. In der pseudomessianischen Bewegung um Jakob Frank (1726–1791) wurde, in Offenbach am Main, dessen Tochter Eva als Verkörperung der Schechina in orgiastischen Kulten verehrt. Die Frankisten traten schließlich massenhaft zum Katholizismus über, da sie im Marienkult eine sublimierte Verehrung der Schechina vermuteten. Die frankistische Episode bildet ein Warnzeichen für den theologischen Feminismus im Judentum.

Der Gott der Väter ist sicher auch der Gott der Mütter, aber diese stellen keine Glaubensgestalten dar, sehen ihre Rolle nur als die Gebärerinnen des erwählten Volkes. In späteren Epochen der Geschichte Israels wird jede Mutter von der Hoffnung getragen, Gebärerin des Messias zu werden, eine Vorstellung, die den vier Erzmüttern noch nicht bekannt war. Die Gestalt Mariens ist in diesen Zusammenhängen zu sehen. Sie ist, nach Auffassung des Neuen Testaments, die erwählte Mutter, die schließlich im Laufe der Kirchengeschichte zur Gottesgebärerin, Mutter Gottes, wird; eine Vorstellung, die dem Judentum völlig fremd blieb.

Erwählung und Verheißung umschließen sicher auch die Frauen, aber es bleibt ihnen die dienende Rolle.

Historische Forschungen haben ergeben, daß es ein Matriarchat nie gab, dennoch haben gerade die Erzmütter, aber auch spätere Frauengestalten der Bibel – wie Hanna, die Mutter Samuels – die Rolle der Namensgeberinnen. Name ist in der Bibel nicht Schall und Rauch, sondern Bestimmung und Sendung. Die Tatsache, daß die Söhne oft den Namen durch die Mutter erhalten, zeigt eine gewisse Einbeziehung der Mütter in das heilsgeschichtliche Geschehen. Dies gilt vor allem für die Söhne Jakobs, die als die Patriarchen der zwölf Stämme Israels gesehen werden.

Es ist auffällig, daß Jakobs einzige Tochter Dina im Segen Jakobs, der Erwählung und Landverheißung umschließt, nicht erwähnt wird.

Die Erwählung Israels, seiner Stämme und seines verheißenen Gebietes, wird expressis verbis nur auf die Söhne bezogen. Man kann in diesen Zusammenhängen nicht von einer speziellen Diskriminierung der Frau im Judentum sprechen, denn diese sekundäre Rolle der Frau ist kein Sondergut des Alten Testaments, sondern entspricht dem Lebensgefühl der Antike ganz allgemein und setzt sich über das Mittelalter bis in die Neuzeit hin fort. Im Mittelalter diskutierten christliche Scholastiker sogar die Frage, ob die Frau überhaupt eine Seele habe, und sahen in der Frau nur das verminderte Ebenbild Gottes; eine Vorstellung, die sich auch bei Thomas von Aquin findet. So weit ist das Judentum nie gegangen, aber die kultische Minderwertigkeit der Frau zeigt sich in vielen religionsgesetzlichen Verordnungen. So ist etwa eine komplette Betergemeinschaft, das sogenannte Minjan, nur aus zehn volljährigen Männern, ab dem dreizehnten Lebensjahr, zu billigen. Auch wenn hundert Frauen diesen zehn Männern gegenüberstehen, können sie nicht mitgezählt werden.

Die jüdische Reformbewegung hat diese Einschränkungen praktisch annulliert, aber für das orthodoxe Judentum haben sie weiter vollen Bestand.

Die Erwählung Israels bezieht sich primär auf den sakralen Männerbund; so gab es, in biblischer Zeit, bei den Hebräern keine Priesterinnen oder Tempeljungfrauen, wie das in heidnischen Kulten der Fall war, bei den Römern die Vestalinnen, jungfräuliche Priesterinnen, die das ewige Feuer des Staatsherdes unterhielten.

Die Angst vor Sexualkulten, Tempelprostitution, wie sie die Kanaaniter kannten, mag hier mitsprechen. Die Frau war sogar in den Vorhof der Frauen im Tempel in Jerusalem verbannt, durfte sein Inneres nicht betreten.

Naturgemäß muß sich die Erwählung Israels zwar auch auf die Frauen beziehen, aber sie wird immer nur im Zusammenhang mit den Männern, den *Söhnen* Israels, betont.

Wenn es auch keine Priesterinnen gab, so kennt die hebräische Antike doch die Prophetin, wobei allerdings durch Umdeutungen auch biblische Frauengestalten, die an sich keine prophetischen Züge tragen, zu Prophetinnen erklärt wurden, wie etwa Esther, die Lieblingsfrau des persischen Großkönigs Ahasveros, oder schon früher Mirjam, die Schwester des Mose.

Direkt als Prophetin bezeichnet wird Hulda, eine Zeitgenossin des Jeremia. Auch Jesaja nennt eine mit Namen ungenannte Frau Prophetin.

Die Rolle der Richterin in Israel wird nur einer Frau, Debora, zuerkannt.

Zusammenfassend läßt sich sagen, daß sich die Erwählung Israels, im Sinne einer patriarchalischen Gesellschaftsordnung, auf das Männervolk bezog, wobei die Frauen zwar ungenannt mit einbezogen sind, aber heilsgeschichtlich in den Hintergrund treten.

Es gibt Durchbrechungen dieser Beschränkung, so etwa in den Makkabäerbüchern, wo eine Hanna, als Mutter der sieben Märtyrersöhne, eine herausragende Rolle spielt, aber es darf nicht übersehen werden, daß die

Bücher der Makkabäer nicht in den Kanon der hebräischen Bibel aufgenommen wurden.

Die Gestalt der Rahel, der Lieblingsfrau Jakobs, wird bei Jeremia (31,15ff.) posthum prophetisch erhöht, indem sie vor Gott über ihre ins Exil verbannten Söhne weint, aber schließlich getröstet wird: »Denn deine Söhne sollen wieder in ihre Heimat kommen.«

Ein moderner jüdischer Dichter, Stefan Zweig, hat diesen Gedanken in seiner Novelle »Rahel rechtet mit Gott« für unsere Zeit aufgegriffen und uns so die Gestalt der Urmutter wieder nähergebracht.

Die Einbeziehung der Frau in die Erwählung Israels wird wiederum deutlich in der Anrede des Volkes, das als Jungfrau Israel (Jer 31,21) bezeichnet wird, rügend auch als abtrünnige Tochter. In der erwähnten Vision des Jeremia wird es als Neuschöpfung angesehen, daß die Frau im Land (der Verheißung) den Mann umgeben wird, ihm also nachfolgt.

Jerusalem und Zion werden häufig als Tochter angeredet, so daß wir aus diesen Stellen im prophetischen Wort die Einbeziehung der Frauen in die Erwählung erkennen können.

Eine gewisse Ambivalenz oder Dialektik ist hier unverkennbar, doch zeigt das Endergebnis die unabdingbare Rolle auch der Frau im Prozeß der Erwählung.

Erwählung, Verheißung und Landnahme bilden, wie wir mehrmals betonten, eine Einheit. An die Erwählung schließt sich die Verheißung des Landes an, die durch die Landnahme realisiert wird. Das Land wird unter die Stämme Israels verteilt und den Sippen so ihr Besitztum gesichert. Nun aber taucht die Frage des Erbrechtes der Töchter auf, die Einbeziehung der Frau in Verheißung und Landnahme, dargelegt am Fall der Töchter des Zelophchad (Num 27,1–11). Die Töchter des Zelophchad,

Milka und Tirza, treten vor Mose und vor den Priester Eleasar hin, um vor der ganzen Gemeinde ihre Klage zu erheben. Sie weisen darauf hin, daß ihr Vater in der Wüste gestorben ist und nicht zur Rotte Korahs gehörte. Er hinterließ keine Söhne. Sie argumentieren: »Warum soll denn unseres Vaters Name in seinem Geschlecht untergehen, weil er keinen Sohn hat? Gebt uns auch ein Erbgut unter den Brüdern unseres Vaters.«

Mose ist unschlüssig und legt die Frage dem Herrn vor, offenbar einen Orakelspruch erwartend, der nun auch erfolgt: »Die Töchter Zelophchads haben recht geredet. Du sollst ihnen ein Erbgut unter den Brüdern ihres Vaters geben und sollst ihres Vaters Erbe ihnen zuwenden.«

Aus diesem Orakelspruch wird eine allgemeine Regel abgeleitet. Wenn jemand stirbt und keinen Sohn hinterläßt, so soll sein Erbe seinen Töchtern zufallen. »Das soll den Söhnen Israels Gesetz und Recht sein, wie der Herr dem Mose geboten hat.« In Numeri 36 wird dann dieses Erbrecht der Töchter dahingehend ergänzt, daß diese nicht außerhalb des väterlichen Stammes heiraten sollen, so daß das Erbgut, das sie als Mitgift einbringen, innerhalb des Stammes verbleibt.

Offensichtlich war die patriarchalische Gesellschaft nicht a priori auf das Erbrecht der Töchter eingestellt, und es bedurfte eines eigenen Gottesurteils, um dieses Recht zu bekräftigen. Unter unserem Gesichtspunkt ist es wesentlich, anhand dieses Beispiels darauf hinzuweisen, daß die Erwählung Israels, die in Landverheißung und Landnahme sichtbare Gestalt gewinnt, nicht auf den sakralen Männerbund beschränkt bleibt, sondern – auch juristisch – die Frau mit einbezieht.

Nach dem rabbinischen Recht ist endlich Jude, wer von einer jüdischen *Mutter* geboren ist; nicht der Vater entscheidet.

Der ungekündigte Bund

Am 14. Januar 1933, unmittelbar vor Ausbruch des Dritten Reiches, führte Martin Buber ein Zwiegespräch mit dem evangelischen Theologen Karl Ludwig Schmidt, dem damaligen Bonner Ordinarius für Neutestamentliche Theologie, über Kirche, Staat, Volk, Judentum, anknüpfend an Bubers Rede »Die Brennpunkte der jüdischen Seele«.

In der zweiten Antwort an Schmidt erzählt Buber von einem prägenden Erlebnis:

»Ich lebe nicht fern von der Stadt Worms, an die mich auch eine Tradition meiner Ahnen bindet; und ich fahre von Zeit zu Zeit hinüber. Wenn ich hinüberfahre, gehe ich immer zuerst zum Dom. Das ist eine sichtbar gewordene Harmonie der Glieder, eine Ganzheit, in der kein Teil aus der Vollkommenheit wankt. Ich umwandle schauend den Dom mit einer vollkommenen Freude.«

Buber fährt fort:

»Dann gehe ich zum jüdischen Friedhof hinüber. Der besteht aus schiefen, zerspellten, formlosen, richtungslosen Steinen. Ich stelle mich darein, blicke von diesem Friedhofgewirr zu der herrlichen Harmonie empor, und mir ist, als sähe ich von Israel zur Kirche auf.«

Buber schildert den Antagonismus zwischen dem herrlich gefügten Dom und dem chaotischen Anblick des Friedhofs, der auch der heilige Sand genannt wird:

»Da unten hat man nicht ein Quentchen Gestalt; man hat nur die Steine und die Asche unter den Steinen. Man hat die Asche, auch wenn sie sich noch so verflüchtigt hat. Man hat die Leiblichkeit der Menschen, die dazu geworden sind. Man hat sie. Ich habe sie. Ich habe sie nicht als Leiblichkeit im Raum dieses Planeten, aber als Leiblichkeit meiner eigenen Erinnerung bis in die Tiefe der Geschichte, bis an den Sinai hin.«

Wenn Buber nun meint, daß die ihm hier widerfahrene Gotteserinnerung allen Juden gegeben ist, irrt er. Ein Irrtum aus Liebe. Was ihm, dem erleuchteten Juden, erlebnismäßig zuteil wird, ist keineswegs allen Juden gemeinsam, aber sein Erlebnis bleibt dennoch ein kollektives Symptom, so wie die Hellsicht der Propheten, die ihren Zeitgenossen oft verhüllt blieb.

Im Akt der Identifikation mit den Geschlechtern Israels bis in Urvätertage berichtet Buber:

»Ich habe da gestanden und habe alles selber erfahren, mir ist all der Tod widerfahren: all die Asche, all die Zerspelltheit, all der lautlose Jammer ist mein; aber der Bund ist mir nicht aufgekündigt worden. Ich liege am Boden, hingestürzt wie diese Steine. Aber aufgekündigt ist mir nicht.

Der Dom ist, wie er ist. Der Friedhof ist, wie er ist. Aber aufgekündigt ist uns nicht worden.«

Bubers Erlebnis des ungekündigten Bundes erscheint mir wie eine späte Antwort an Paulus, der im Römerbrief (Kap. 9–11) diesen ungekündigten Bund den neugewonnenen Heidenchristen vor Augen hält:

»So sage ich nun: Hat denn Gott sein Volk verstoßen? Das sei ferne!« (Röm 11,1).

Im weiteren Verlauf seiner meist exegetischen Darlegungen schärft der Apostel den Heidenchristen in Rom ein: »... so sollst du wissen, daß nicht du die Wurzel trägst, sondern die Wurzel trägt dich« (Röm 11,18).

Diese Wurzel ist Israel, das Judentum, immer wieder vergessen, verdrängt, verleugnet von der Kirche.

Im Bilde Bubers kommt das plastisch zum Ausdruck, denn gleichsam am Fuße des Domes zieht sich der Judenfriedhof hin, der älteste in Europa, in dessen Asche die Wurzel ruht, die den gewaltigen Bau des Domes trägt.

Durch lange Jahrhunderte hat sich die Kirche als triumphierend empfunden, hoch erhoben über dem entrechteten Israel. Sie hat darüber die Warnungen des Paulus nicht wahrhaben wollen, und doch hat die geschehende Geschichte die Mahnung des Apostels und das Erlebnis Bubers bestätigt.

Die Kirche verliert mehr und mehr von ihrer Macht. Christliche Theologen beider Konfessionen bestätigen, daß nicht nur in Deutschland massenweise Austritte aus der Kirche erfolgen, so daß zum erstenmal seit Kaiser Konstantin – der das Christentum faktisch zur Staatsreligion erhob, ohne eigentlich selbst Christ zu werden – Kirche und Israel einander in der Machtlosigkeit begegnen, die den Knechten Gottes zu eigen sein muß.

Während die Kirche viel von ihrer Macht eingebüßt hat, hat Israel andererseits seit 1948, nach dem größten Aderlaß seiner Geschichte, einen Machtzuwachs erfahren wie nie zuvor in den zwei Jahrtausenden der Geschichte seiner Verbannung und Zerstreuung unter die Völker der Welt.

Wieder ist es erstanden zu sichtbarer historischer Gestalt im Land der Verheißung.

Ist das nicht eine Bestätigung des angeführten Pauluswortes, nach welchem Gott seine Verheißungen nicht gereuen können? Die Verheißungen haben sich in – freilich umstrittene – historische Realität umgesetzt, aber um einen hohen Preis. Ohne das furchtbare Rauchopfer – Holocaust – der »Endlösung der Judenfrage« wäre die Auferstehung Israels nicht Ereignis geworden. Aber auch ein anderer Preis war zu zahlen, der dem Substanzverlust der Kirche ähnelt. In beiden Gliedern des Bundes, des Alten und des Neuen, ist ein Defizit des Glaubens überaus spürbar geworden. Es gibt ein Israel ohne Glauben und ein Namenschristentum ohne Glauben. Die Formen und Normen institutionalisierter Religionen, in Synagoge und Kirche, haben eine Sinnentleerung erfahren, die nicht mehr zu verhüllen ist.

In meinen vielen Begegnungen und Gesprächen mit Juden und Christen ist es mir in den Jahrzehnten meiner Vermittlungsversuche immer klarer geworden, daß die Juden und die Christen ihren angestammten Glaubensweisen entfremdet sind. Bei den Juden zeigt sich das vor allem in ihrer ablehnenden oder indifferenten Haltung gegenüber dem Gesetz, bei den Christen gegenüber der Dogmatik. So wie sich zahllose Juden des »Joches des Gesetzes« (Ol ha-Mizwoth) entledigt haben, finden Millionen Christen nicht mehr den Zugang zu Trinität und Inkarnation, den beiden Dogmen, die Thomas von Aquin zum Spezifikum des Christentums erklärt hat.

Wo durch Beziehungslosigkeit zum Gesetz als einer prägenden Macht Israels das Selbstverständnis des erwählten Volkes lädiert wird, bleibt aber doch, paradoxalerweise, oft ein unterschwelliges Erwählungsbewußtsein gewahrt. Erwählung ohne Verpflichtung steht aber in der permanenten Gefahr der Hybris. Es kann allerdings auch ein Bewußtsein der Verpflichtung außerhalb des Raumes des Gesetzes Ereignis werden. Gerade das Beispiel Martin Bubers zeigt uns dies. Buber stand dem Gesetz, gemeint ist hier das Ritualgesetz, in Abstinenz gegenüber, fand aber in der Botschaft der Propheten die Antwort, die Losung für Israel, die es zu der göttlich gewollten Gestalt seiner Bestimmung aufruft: »Wenn das Judentum wieder Israel würde, wenn aus der Larve das heilige Antlitz hervorträte«, wie Buber es so bildhaft ausdrückt, dann würde auch das Erwählungsbewußtsein in seiner ursprünglichen Intention sichtbar. Andererseits würde eine Kirche, die sich ihrer Wurzel voll bewußt wird, diesem Anspruch in tieferem Verständnis begegnen. In der christlichen Theologie sind, am Ende unseres Jahrhunderts, Ansätze in dieser Richtung unverkennbar, aber die Masse des Kirchenvolkes ist noch ebenso weit von der Erkenntnis der Erwählung Israels entfernt wie die Masse des Judenvolkes vom Imperativ seiner Sendung.

So begegnen wir einander nicht von Antlitz zu Antlitz, sondern von Verhüllung und Umstellung, und müssen in der Geduld des langen Atems der Heilsgeschichte diese Durststrecke durchlaufen, in der Hoffnung auf jenes neue Licht über Zion, das über *beiden* Teilen des Bundesvolkes strahlend erwartet wird.

Der Antagonismus von Verheißung und Banalität trägt sie beide, das Judentum und das Christentum, und es bedarf des Glaubens, der Hoffnung und der Liebe, um angesichts der Banalität des Tages nicht mutlos zu werden. Der Prophet Jesaja, oder genauer gesagt, der unbekannte Tröster, den wir Deuterojesaja nennen, erkennt dies klar, wenn er Gott sprechen läßt:

»Wer ist so blind wie mein Knecht, und wer ist so taub wie mein Bote, den ich senden will?« (Jes 42,18).

Trotz seiner Blindheit und Taubheit bleibt Israel der Knecht Gottes, der zu den Völkern gesandt ist.

Geistlich tot?

Der katholische Theologe Karl Thieme, Mitherausgeber der »Freiburger Rundbriefe zum Verständnis des Alten und des Neuen Bundesvolkes«, die von Frau Gertrud Luckner begründet wurden, schrieb mir vor etwa dreißig Jahren: »Die Juden sind geistlich tot.«

Er sah darin die große Schwierigkeit, in einen wirklichen Dialog mit dem Judentum einzutreten, wobei er freilich die ihn umgebende Wirklichkeit in Deutschland und in der Schweiz zu vordergründig sah, die beiden Pole jüdischen Lebens in der Gegenwart, Israel und das amerikanische Judentum, zu wenig in den Blick bekam.

Für unsere Thematik ist es von entscheidender Bedeutung, ob das Judentum geistlich lebendig geblieben ist, denn nur ein Judentum, das sich seiner Zeugenschaft für Gott in dieser Welt bewußt bleibt, kann den Gedanken der Erwählung rezipieren.

Die Erfahrung der jüdischen Geschichte zeigt, daß auf Zeiten der Verfolgung immer und immer wieder Zeiten einer religiösen Erneuerung folgen.

So reagierte vor einem halben Jahrtausend die jüdische Seele auf die Vertreibung der Juden aus Spanien mit einer Blüte der Mystik der Kabbala, deren Zentrum sich in dem kleinen galiläischen Städtchen Safed bildete. Die pseudomessianische Bewegung um Sabbatai Zewi war die katastrophale Folge der Popularisierung der Mystik, die lebensmäßig auf esoterische Kreise beschränkt bleiben muß. So endete die Tragödie von 1492 – die Vertreibung der Juden aus Spanien – nach der mystischen Erneuerung um die Mitte des 16. Jahrhunderts mit der Tragikomödie des falschen Messias von Ismir (1626–1676).

Die nächste große Welle der Verfolgungen setzte 1648 mit den Chmjelnizki-Pogromen in Polen ein. Die Scharen des Kosakenhetmans ermordeten einen großen Teil des osteuropäischen Judentums. Diese Tragödie löste aber wiederum eine religiöse Erneuerung im Chassidismus aus, dessen Begründer, Rabbi Israel Baal-Schem-Tov (1699–1760) in Wolhynien (Ukraine) wirkte. Der Chassidismus stellte, im Anschluß an die Mystik der Kabbala, eine neue Form weltoffener Volksfrömmigkeit dar. Dieser Pietismus des Ostjudentums löste zwar den Protest der alten Orthodoxie unter dem Gaon von Wilna, Rabbi Elija Wilna, aus, konnte sich aber bis in unsere Zeit erhalten.

Die größte Tragödie des jüdischen Volkes, der Holocaust in den Jahren des Dritten Reiches, schien zunächst keine derartige Reaktion auszulösen. Anstelle der religiösen Erneuerung trat der Zionismus, die nationale Erneuerung des jüdischen Volkes, die mit der Staatsgründung 1948 ihr sichtbares Zeichen setzte.

Schon frühzeitig wurde aber auch diese nationale und politische Erneuerung – in einem Gebet des Oberrabbinates von Israel – religiös als »Atchaltha de-Gëula«, Anfang der Erlösung, bezeichnet. Viele Juden empfanden die Staatsgründung im Sinne eines Präludiums messianischer Erlösung, und damit kam das Erwählungsbewußtsein wieder zur Geltung.

Die Anfänge genügten aber nicht. Das Erreichte wurde als unzulänglich empfunden und verlangte nach einer neuen Sinngebung durch das religiöse Element, das von der nationalen und von der sozialistischen Strömung im Zionismus verdrängt erschien.

Es waren gerade die Träger des Chassidismus, vor allem der sogenannten Chabad-Bewegung innerhalb des Chassidismus, geführt von Rabbi Menachem Mendel Schneurson in New York, die eine bewußte innere Mission betrieben und Zehntausende von meist jungen Juden und Jüdinnen in Israel und in der Diaspora zur Rückkehr in das traditionelle Judentum bewegten, woraus die Gruppe der »Rückkehrer zur Buße« entstand, die heute in Israel ein unübersehbares Element darstellt.

Diese Neubekehrten zeichnen sich durch einen Fanatismus aus, der getragen ist von einem übersteigerten Sendungsbewußtsein und mit allen Mitteln politischer und agitatorischer Art den alt-neuen Lebensstil dem ganzen Volk aufzwingen will. Im Zusammenhang mit dieser Bewegung ist auch der »Block der Gläubigen« in Israel zu erwähnen, der vorwiegend, nicht ausschließlich, in den besetzten Gebieten von Judäa, Samaria und dem Gazastreifen das Sagen hat und aus der Erwählung Israels den Anspruch auf das ganze Land der Verheißung ableitet.

Rabbi Menachem Mendel Schneurson wird von seinen Anhängern als der Rabbi von Lubawitsch bezeichnet, denn dort war ursprünglich das Zentrum der Chabad-Chassidim. Als ihr Begründer gilt Rabbi Schneur Salman von Ladi (um 1800), der in seinem Hauptwerk »Athanja« die Erklärung für die Abkürzung »Chabad« gibt: Chochma (Weisheit), Bina (Einsicht), Da'ath (Erkenntnis). Der Chabad-Chassidismus hat die Verehrung seines jeweiligen geistlichen Oberhaupts, des Zaddik, besonders hochgespielt, und das ist bis heute so geblieben. Der in New York residierende gegenwärtige Rabbi von Lubawitsch genießt grenzenlose Verehrung in seinem Kreise und wird von seinen Gegnern, an ihrer Spitze Rabbi Schach in Benei Berak, als falscher Messias verworfen.

Damit erneuert sich in unseren Tagen der alte Gegensatz von Chassidim und Mithnagdim; ein Streit, von dem man meinte, daß er seit zwei Jahrhunderten beigelegt sei, hat neue politische Aktualität gewonnen.

Das Erwählungsbewußtsein innerhalb des Chassidismus hat neue messianische Hochspannungen ausgelöst. Der Rabbi von Lubawitsch gibt zwar für Israel seine Weisungen, hat das Land aber bisher nicht betreten, offenbar weil er sonst seine Messianität enthüllen müßte.

Die Losung der Chabad-Chassidim kann man in die Worte »Bewährung und Bewahrung« zusammenfassen. Die Bewährung des auserwählten Volkes muß sich in der Bewahrung der Tradition erweisen.

Unter den gegenläufigen Bewegungen sind vor allem die Satmarer Chassidim zu nennen, die im Staat Israel die dämonische Seite des Zeitalters sehen, den Staat also negieren und verwerfen, während die Lubawitscher an der Erneuerung Israels arbeiten.

Solche religiösen Erweckungsbewegungen, Reaktion auf den Holocaust, beschränken sich keineswegs auf ultra-orthodoxe Kreise.

Als Antipoden der Ultra-Orthodoxen sind die Anhänger der Reformbewegung zu nennen.

Die amerikanische jüdische Reform hat in den letzten zwei Jahrzehnten eine Erweiterung um etwa zwanzig Prozent erfahren, sie erstreckt sich heute auf rund eineinhalb Millionen Anhänger. Durch Holocaust und Errichtung des Staates Israel hat die Reform eine Reform erfahren, ist sich des Volkscharakters Israels, als des in Leiden und Auferstehung geprägten Volkes, wieder bewußt geworden. Die zahlenmäßige Zunahme aber hat zu einer Nivellierung des theologischen Profils dieser Bewegung geführt, so daß ihr Präsident Rabbi Alexander Schindler nun fordert, die religiösen Grundelemente des Reformjudentums neu zu durchdenken und in verbindlicher Form festzulegen.

In Israel selbst ist die Reformbewegung noch keimhaft geblieben, stellt keinen entscheidenden Faktor im religiösen, gesellschaftlichen und politischen Leben dar.

Im Talmud heißt es: »Die Luft des Landes Israel macht weise.« Die Erfahrung lehrt aber, daß die Luft dieses Landes nicht weise, sondern radikal macht, so daß für eine liberale Theologie sich wenig Raum bietet. Das Erwählungsbewußtsein außerhalb der Gruppierungen der Orthodoxie trägt oft rein nationalen, ja nationalistischen Charakter, ist aber unterschwellig weithin gegeben.

Zwischen Orthodoxie und Reform hat sich in Amerika auch die Konservative Bewegung etabliert, die aber in den letzten Jahren ihre führende Position verloren hat. Progressive Kreise dieser Vermittlungstheologie sind zur Reform übergewechselt, während die traditionell gebundeneren mehr zu einer Neo-Orthodoxie neigen.

Die einzige Gruppe im amerikanischen Judentum, die die Erwählung Israels negiert, sind die Reconstructionists, begründet von Mordecai Kaplan (1881–1983). Sie gehörten ursprünglich zu den Konservativen, schlossen sich aber neuerdings der Weltunion für Progressives Judentum an, ohne ihre Sonderstellung aufzugeben. Sie sind offiziell in Israel nicht vertreten, während die Konservativen über eine Reihe von Gemeinden im Lande verfügen, aber – ebenso wie die Reform – keinen wesentlichen Faktor in Israel darstellen.

Es ist offenbar, daß die Reconstructionists den Gedanken der Erwählung Israels dem amerikanischen Pluralismus opferten. Die amerikanische Gesellschaft, die einen ethnischen Pluralismus darstellt, verträgt sich nicht mit der Vorstellung eines auserwählten Volkes. Da dieser Gedanke aber im Judentum so tief verwurzelt ist, kann er nicht ganz eliminiert werden. Die Reconstructionists wählten daher in ihrer Liturgie Umschreibungen. Sie vermeiden Formulierungen wie »der uns erwählt hat von allen Völkern« und setzen an Stelle dessen »der uns seinem Dienste nahe gebracht hat«. Im sogenannten Alejnu-Schlußgebet wird die Formel:

»der uns nicht gleichgemacht hat den Völkern der Länder und uns nicht zugezählt hat den Sippen der Erde und unser Los nicht dem ihrer Massen gleichgestellt hat«

ersetzt durch

»der uns von den Irrenden unterschied und uns seine wahre Thora gegeben hat, ewiges Leben in unsere Mitte pflanzte, denn alle Völker gehen im Namen ihres Gottes, wir aber werfen uns nieder vor dem König der Könige, dem Heiligen, gelobt sei Er«.

Wenn auch die Erwählung Israels hier expressis verbis nicht artikuliert wird, so bedeutet die Unterscheidung von den Irrenden doch wiederum dasselbe.

Man sieht an dieser oft krampfhaften Bemühung, das Dogma der Erwählung Israels, das als Skandalon empfunden wird, zu umgehen, die Aussichtslosigkeit dieser Bemühung, denn wenn Israel das mit der Erwählung verbundene Selbstbewußtsein verliert, fällt damit auch die Legitimität seiner Existenz unter den Völkern weg.

Gerade Kaplan aber hat auch von Anfang an einen Kultur-Zionismus im Sinne von Achad Ha-Am theologisch rezipiert und damit den Anspruch auf das Land der Verheißung integriert, was ohne den Begriff der Erwählung der inneren Logik entbehrt.

Aus allen diesen Überlegungen geht hervor, daß die Behauptung von Karl Thieme, die Juden seien geistlich tot, völlig unhaltbar bleibt. Wenn es ihm auch, in seiner deutsch-schweizerischen Umgebung, in den sechziger Jahren unseres Jahrhunderts so erschien, so erweist doch ein Blick auf das Judentum in seinen beiden Zentren, Israel und Amerika, daß dies nicht der Fall ist. Wie nach allen Katastrophen des Judentums hat auch, freilich verspätet, eine religiöse Erneuerung gegen Ende unseres Jahrhunderts eingesetzt, wodurch das Bewußtsein der Erwählung Israels neuen Auftrieb erfuhr.

Worin besteht nun diese Erwählung? Primär darin, daß Israel der *Zeuge* Gottes in der Welt ist, und das kommt bereits im Glaubensbekenntnis »Höre Israel« zum Ausdruck. Im hebräischen Text, Deut 6,4, werden im Anfangs- und Schlußwort die letzten Buchstaben Ajin und Daleth größer geschrieben, so daß sie zusammen das Wort »Ed« ergeben, was »Zeuge« heißt.

Martin Buber, der leeren Proklamationen abhold war, hat die Erwählungsfrage an die Juden neu gestellt, worüber ich in meinem Buch »Zwiesprache mit Martin Buber« (1966) berichtet habe:

»Und was ist's nun um uns Juden, um unsere Erwählung? Wir reden von dem Geiste Israels und bilden uns ein, wir seien nicht wie alle Völker, weil es den Geist Israels gibt. Wenn jedoch der Geist Israels nicht mehr ist als die synthetische Persönlichkeit unserer Nation, nicht mehr als eine schöne Rechtfertigung für unseren kollektiven Egoismus, nicht mehr als in einen Götzen verwandelter ›Fürst‹ – nachdem wir uns geweigert hatten, einen anderen anzunehmen als den Herrn des Alls selber –, dann sind wir wahrlich wie alle Völker und trinken mit ihnen vom Becher der Betörung.

Wenn wir aber trunken werden wie sie, dann werden wir schwächer als alle und sind schutzlos in ihre Hand gegeben.

Nur wenn wir wirklich nicht ihresgleichen werden, nur wenn wir mit dem Wort Geist nicht uns selber, sondern die lebendige Wahrheit meinen, die nicht in unserem Besitz ist, aber uns in Besitz nehmen kann, die nicht von uns abhängt, aber wir von ihr, und die dennoch unser bedarf, um etwas hier unten, etwas Konkretes, etwas ›Historisches‹ zu werden, dann, und nur dann, haben wir Bestand.«

Buber zieht damit die Grenzen der Erwählung, die er nicht statisch, sondern dynamisch verstanden hat. Es geht nicht nur um ein Sein, sondern auch um ein Werden. Nur wenn wir uns als Zeugen von Gottes Wort und Wahrheit unter diesen Auftrag stellen, bewahren wir jene Erwählung, die unser Schicksal unter den Völkern ausmacht.

Die Liturgie des Versöhnungstages drückt es in den Worten aus: »Wir sind dein Volk, und du bist unser Los.« Nur ein Israel, das sich so definiert, bewahrt den Anspruch der Erwählung.

Bis zu solch letzter Erkenntnis über das Wesen Israels im Lichte der Erwählung dringen nur wenige vor, aber in verschiedenen Variationen erscheint das Thema doch immer wieder in Geschichte und Selbstverständnis des jüdischen Volkes. Solange dieses Selbstverständnis, in den verschiedensten Formen, latent gegeben bleibt, kann nicht davon die Rede sein, daß die Juden geistlich tot sind, wie Thieme vermutete.

Die Erwählung Israels ist gleichsam ein Gradmesser für die religiöse Lebendigkeit der Juden.

Andererseits wird dieses Selbstverständnis immer wieder zum Ärgernis für die Völker, die in dem Zeugenanspruch oder Zeugenauftrag Israels die Arroganz eines kleinen Volkes wittern und daraus Konsequenzen ziehen, die nur aus einem Mißverständnis resultieren können.

Mißdeutungen, wie sie etwa in der Fälschung der sogenannten »Protokolle der Weisen von Zion« seit über einem Jahrhundert im Umlauf sind, heute vor allem auch in den arabischen Ländern, sprechen von einer jüdischen Weltverschwörung, vom Anspruch auf Weltherrschaft und dergleichen Unsinnigkeiten.

Auch Juden selbst, vor allem im heutigen Israel, sind der Gefahr ausgesetzt, den Begriff der Erwählung in einem chauvinistischen Sinne zu mißdeuten, aus ihm politische Ansprüche ableitend, die nicht in der Theologie der Erwählung als Zeugenschaft Gottes gegeben sind.

Der Begriff der Erwählung muß gegen Mißverständnisse von außen und innen abgesichert werden, auch gegenüber der jüdischen Orthodoxie, die zwar auf die innere Reinheit des Judentums in einem ritualistischen Sinne achtet, aber die Zeugenschaft unter den Völkern praktisch verdrängt hat.

Politik und Religion sind, insbesondere im Judentum, nicht voneinander zu trennen. Das Judentum stellt keine mosaische Kirche dar, sondern bleibt Volk, und als solches steht es in der politischen Wirklichkeit des Tages. Alle Versuche, vor allem der jüdischen Reformbewegung im 19. Jahrhundert, das Judentum zu konfessionalisieren und damit seines Volkscharakters zu entkleiden, sind fehlgeschlagen. Die Väter der jüdischen Reformbewegung in Deutschland verstiegen sich zu der Behauptung, die deutschen Juden seien Deutsche, die mit den Juden anderer Länder nicht anders verbunden sind als die deutschen Katholiken und Protestanten mit Katholiken und Protestanten in anderen Staaten. Das stimmt natürlich nicht, denn Katholiken und Protestanten stellen nur religiöse Gemeinschaften innerhalb ihres Volkes dar, während die Juden, trotz aller Assimilation, ein interterritoriales Volk bilden. Der Erwählungsbegriff kann sich nicht auf die Religionsgemeinschaft allein beziehen, sondern bleibt an das Volk gebunden.

Diese Infrastruktur ist eine Größe sui generis. Die Einzigartigkeit und Einmaligkeit dieser Struktur mußte immer wieder verständnislose Reaktionen auslösen.

Das Geschichtsschicksal des jüdischen Volkes, das als Zeuge des Ewigen selbst ein ewiges Volk wurde, kann nur durch eine Politik aus dem Glauben, nicht durch eine Flucht aus der Politik bewältigt werden.

Vor dieser Aufgabe steht heute, mehr denn je, Israel in seinem Land und in seiner Diaspora.

Amerikanische Christen haben ihren jüdischen Dialogpartnern vorgeworfen, daß sie das Politikum des Staates Israel in den an sich theologischen Dialog zwischen Judentum und Christentum einbringen, ohne zu verstehen, daß dieser – an sich weltliche – Staat für das Judentum zugleich eine theologische Größe darstellt. Die Erwählung Israels bliebe ein in der Realität nicht erkennbares Theologumenon, ohne phänomenologische Faktizität, die sich in der Dauerkraft des Volkes dokumentiert.

Nur ein Israel, das geistlich nicht tot ist, kann die Zeugenschaft der Erwählung realisieren. Es steht außer Frage, daß diese Realisierung immer und immer wieder unzulänglich, aber dennoch unübersehbar, geschieht.

Die Juden sind nicht geistlich tot, aber sie bleiben ein überfordertes Volk, das immer nur schrittweise sich dem annähern kann, was mit ihm gemeint ist. So lange der bewußte und unbewußte Zusammenhang von Existenz und Erwählung in diesem Volke gegeben bleibt, ist auch seine Zukunft verbürgt. Selbst die größte nationale Katastrophe konnte den aus der Erwählung resultierenden Optimismus der Juden nicht brechen. Die Leiden machen es stärker, denn der Auftrag bleibt durch alle Verhängnisse hindurch: »Siehe, ich habe dich geläutert, aber nicht wie Silber, sondern habe dich erwählt im

Glutofen des Elends« (Jes 48,10). Was hier beim Deuterojesaja gesagt wird, hat unsere Generation geradezu wörtlich erlebt, die furchtbare Erwählung im Glutofen der Leiden, in den Gaskammern der Vernichtungslager.

Wo wäre noch ein Volk, das solche Niederlage im Sinne der Erwählung zu deuten vermöchte? Das aber ist das schwere Erbe Israels, das von den Völkern nicht verstanden wird, aber von den Christen verstanden werden müßte, denn auch sie sehen in der Passion, im furchtbaren Kreuzesleiden Jesu das unbegreifliche Zeichen seiner Erwählung.

Die Paradoxie von Leiden und Erwählung ist so dem Judentum und dem Christentum eigen, übersteigt aber menschliches Fassungsvermögen, vor allem in der Stunde der geschehenden Geschichte. Die Passion von Golgatha bleibt für den Christen ohne die Auferstehung unvollendet, die Tragödie von Auschwitz bleibt für die Juden unserer Zeit ohne die Auferstehung Israels in seinem Lande ebenso unvollkommen.

In der Gestalt des Erwählten, des leidenden Messias, in Judentum und Christentum, hat diese Erkenntnis ihre mythische Personifikation erfahren.

Das Judentum hat die messianische Gestalt in zwei Personen aufgeteilt, den leidenden Messias, den Sohn Josephs (Babylonischer Talmud, Traktat Sukka 52a), und den triumphierenden Messias, den Sohn Davids. Das Christentum hat beide Archetypen auf die Gestalt Jesu übertragen, der sowohl als der leidende Sohn Josephs wie auch als der triumphierende Sohn Davids gezeichnet wird. Gemeinsam ist beiden Glaubensweisen das Wissen um die Dualität der Erwählung in Leid und Sieg. Nur wenn die Erwählung in solcher Doppelgestalt gesehen wird, kann sie in der Geschichte erkannt und im Glauben ergriffen werden.

Erwählung und Mystik

Der Gedanke der Erwählung Israels findet in der Mystik der Kabbala eine besondere Art der Darstellung, die sich von anderen Interpretationen unterscheidet.

Das heilige Buch der Kabbala, der Sohar, beginnt mit dem Gleichnis von der Rose, das sich auf die Erwählung Israels bezieht.

Das Buch Sohar wird von der mystischen Tradition dem Rabbi Simon Bar Jochai zugeschrieben, einem Zeitgenossen des Rabbi Akiba aus dem frühen 2. Jahrhundert. Die kritisch-historische Forschung aber weist das Buch dem spanischen Mystiker Mose de Leon (1250–1305) zu, im Sinne einer pseudepigraphischen Schrift, die der mittelalterliche Verfasser im Namen des Simon Bar Jochai veröffentlichte. Dieser soll, der Legende nach, dreizehn Jahre mit seinem Sohne in einer Höhle gelebt haben, und dort wurden ihm himmlische Geheimnisse offenbart. Er verbarg sich vor den Römern in der Zeit der hadrianischen Verfolgung.

Wenn der Sohar auch auf Mose de Leon zurückgeht, so enthält er doch viele alte Traditionen, die der Verfasser als Kompilator verwendet hat.

Der Beginn des Sohar (I. fol. 1 a) schließt sich an Hohelied 2,3 an:

»Rabbi Chiskija begann mit den Schriftworten: ›Wie die Rose zwischen den Dornen ...‹ Wer ist die ›Rose‹? Die Gemeinschaft Israels. Und was bedeutet: ›eine Rose zwischen den Dornen‹? In ihr ist Rot und Weiß – so auch in der Gemeinschaft Israels ›Strenge‹ und ›Liebe‹. An der Rose sind dreizehn Blätter, ebenso an der Gemeinschaft Israels dreizehn Eigenschaften der Liebe, die sie von allen Seiten umkreisen. *(Gemeint sind hier die dreizehn Gnadeneigenschaften Gottes, die dem Mose offenbart wurden, gemäß Ex 34,6–7: »Herr, Herr, Gott, barmherzig und gnädig und geduldig und von großer Gnade und Treue, der da Tausenden Gnade bewahrt und vergibt Missetat, Übertretung und Sünde, aber ungestraft läßt er niemand, sondern sucht die Missetat der Väter heim an Kindern und Kindeskindern bis ins dritte und vierte Geschlecht.«)* So gehen denn auch von der ersten Erwähnung des Namens ›Elohim‹ (*Gott*) dreizehn Worte aus, die Gemeinschaft Israels zu umkreisen und zu behüten – bis zur zweiten Nennung. *(Die Nennung des Gottesnamens bezieht sich auf den Schöpfungsbericht der Genesis. Immer wieder wird die Zahl dreizehn herangezogen, im Sinne der oben erwähnten dreizehn Gnadeneigenschaften Gottes, die in Mystik und Liturgie eine entscheidende Rolle spielen, im Gegensatz zum christlichen Volksglauben, in welchem die Zahl dreizehn als Unglückszahl fungiert, da beim Letzten Abendmahl Jesus mit den zwölf Jüngern versammelt war, also dreizehn Personen, wovon eine der Verräter Judas ist, der das Unheil verkörpert. In den Bußgebeten der Hohen Feiertage, Neujahrs- und Versöhnungstag, den sogenannten Selichoth, wird immer wieder auf die Zahl dreizehn angespielt, da der Sünder sich nur auf die dreizehnfache Gnade Gottes, und nicht auf seine eigenen Verdienste, stützen und berufen kann. Dieser Einfluß der Mystik auf die Liturgie darf nicht übersehen werden, da die betende Gemeinde viel umfangreicher ist als die esoterischen Zirkel der Mystik.)* Was ist der Sinn der zweiten Nennung (*des Gottesnamens Elohim*)? Daß auf die fünf starken Kelchblätter hingewiesen sei, welche die Rose umschließen: sie heißen fünf Heilesweisen und bilden fünferlei Tore. Auf dieses Geheimnis weist der Satz hin: ›Den Kelch der Heilesweisen (*Befreiungen*) erhebe ich‹ (Psalm 116,13). *(Im hebräischen massoretischen Text steht hier auffallenderweise der Plural von »Heil« (Jeschuoth). In der Liturgie wird dieser Psalmvers als Einleitungsformel des Unterscheidungssegens beim Ausgang des Sabbath rezitiert, wobei der Kelch erhoben wird.)* Das ist der Kelch des Segens. Und dieser Kelch bedarf fünf umschließender Finger und nicht mehr – gleichwie auch die Rose auf fünf starken Blättern sitzt, in der Form von fünf Fingern. So bedeutet die Rose den Kelch des Segens. Und es sind auch fünf Worte vom zweiten zum dritten ›Elohim‹. *(Gemeint ist hier der Gottesname Elohim im Schöpfungsbericht der Genesis, wobei an die Erschaffung des Lichtes: »Es werde Licht« angespielt wird.)* Da erst wird vom Lichte gesprochen, das erschaffen und sogleich verborgen wurde *(gemeint ist das Ur-Licht* vor *Erschaffung der lichtspendenden Gestirne Sonne, Mond und Sterne, die erst später geschaffen wurden)* und beschlossen in jenem Bunde, der in die Rose einging und fruchtbaren Samen in sie strömen ließ *(Anspielung auf das Bundeszeichen der Beschneidung des männlichen Gliedes, im Bundesschluß mit Abraham).* Darum heißt es: ›Ein Baum, der Frucht bereitet, worinnen der Same bleibt.‹ *(Vielleicht ein Hinweis auf das vegetativ sprossende Prinzip, das auch dem Stamme der Pflanze innewohnt, die immerwährende Zeugungskraft des Geistes symbolisierend.)* Der Same erhält seinen Bestand durch das Bundeszeichen (*der Beschneidung*) selber. Wie das Urbild des Bundes samend fruchtbar wird durch zweiundvierzig Paarungen (*Gottes mit dem weiblichen Prinzip seiner Emanation, die ›Schechina‹ genannt wird*), so wird der göttliche Name in seiner Einprägung fruchtbar in zweiundvierzig Zeichen des Schöpfungswerkes.«

Ich zitiere das Gleichnis von der Rose nach der Übersetzung von Ernst Müller (Wien 1932). Die Anmerkungen stammen, unter Heranziehung der Ausgabe von Müller, von mir.

Ernst Müller kann als Vorläufer von Gerschom Scholem betrachtet werden, dem die historisch-philologische Erschließung der jüdischen Mystik der Kabbala zum weltweit beachteten Lebenswerk wurde. Darüber darf aber die bahnbrechende Tat von Ernst Müller, Bibliothekar der Jüdischen Gemeinde in Wien, nicht übersehen werden.

In seinem Buch »Der Sohar und seine Lehre« (Wien 1920) geht Ernst Müller (S. 41 ff.) auf die Erwählung Israels ein, wobei die Einheit Israels als Abbild der Einheit Gottes gesehen wird: »Wenn wir aber so in Israels Art und Schicksal gleichsam die Menschheit selbst in Verdichtung erkennen können, so wird unser Blick frei für die doppelte und doch in Einheit wieder zusammentreffende Deutung jenes tiefen Zusammenhanges, der uns die Bibel als den Bund Gottes mit Israel darstellt: auf den gottgewollten Weg der Menschheit und auf die tiefsten Daseinshintergründe dieses einen Volkes.«

Ernst Müller stützt sich offenbar auf jene Stelle im Sohar, die in der Einheit des Volkes Israel das Abbild der göttlichen Einheit sieht, wobei die Erotik der Kabbala in der menschlichen Vereinigung von Mann und Weib das Gleichnis für die Einheit von Gott und Israel, seinem erwählten Volke, sieht (Sohar II. fol. 81 a.b).

Das Anlegen der Gebetsriemen am Haupt und über dem Herzen, am linken Arm und an der linken Hand, werden in der Symbolik weiterhin als jener Schmuck Israels mit den Geboten des Herrn gedeutet, der die Erwählung Israels symbolisiert.

Nur im Bunde der Ehe, dem Abbild des Bundes Gottes mit Israel, ganz im Sinne des Propheten Hosea, gelangt der Mensch zu jenem Eins-Werden, das dem Wesen Gottes entspricht. Ein Mann ohne Frau kann daher die höchste Stufe der Einheit in der Imitatio Dei nicht erlangen. Hier zeigt sich der fundamentale Gegensatz im Heiligkeitsbegriff menschlicher Existenz in Judentum und Christentum. Im Judentum, hier in der Mystik der Kabbala, wird das Erotische geheiligt, während es im Christentum in der Askese als zu überwindend erscheint.

Die Einheit Israels im Sinne seiner Erwählung wird auf 2 Sam 7,23 basiert: »Und wer ist wie dein Volk Israel, ein einig Volk auf Erden«, wobei die Einheit Israels als das irdische Abbild der Einheit Gottes gesehen wird.

Es muß auffallen, daß alle diese Deutungen – zwar immer unter Heranziehung von Bibelversen als Belegstellen – gebraucht werden ohne jede Rücksicht auf die tatsächlichen historischen Begebenheiten, die keineswegs diesen Idealen entsprachen und entsprechen. Es ist aber offenbar ein platonischer Einfluß, der allein die Ideen als höhere Realität anerkennt und in der von uns wahrgenommenen Empirie nur das trübe Schattenbild erkennt.

Die Erwählung Israels kulminiert für die Kabbala in der Einheit des erwählten Volkes, die der Einheit Gottes entspricht und von jedem Einzelnen in der Einigung der Geschlechter konkretisiert wird.

Bund und Bundeszeichen liegen der Erwählung zugrunde, wobei nach dem Sohar (I. fol. 66b) nicht nur der Bund Gottes mit Abraham im Sinne der Erwählung Israels gesehen wird, sondern auch der vorausgehende Bund mit Noah, der wesensmäßig die ganze Menschheit umfaßt, die bei der Sintflut in der Arche bewahrt wurde:

»Denn nur ein Frommer kann in die Arche eingehen.« Die Arche Noahs wird als der Ort der Bewahrung – und damit der Erwählung – gesehen, und die drei Söhne Noahs, die die Arche unversehrt verlassen, entsprechen den Grundtypen oder Grundprinzipien der Schöpfung, wobei Sem und Japhet Weisheit und Schönheit verkörpern, Cham aber das Prinzip des Bösen, der mit dem Fluchnamen Kanaan beschattet wird und mit der Ur-Schlange in Verbindung steht, die die Welt verdunkelt.

Für unsere Betrachtung scheint es mir wesentlich, daß in der Mystik der Kabbala nicht nur Israel Erwählungscharakter trägt, in der Nachfolge Abrahams, des Vaters des Bundes, sondern auch Noah, mit dem der erste Bundesschluß erfolgte, der sich auf seine Söhne übertrug.

Es ist aber unverkennbar, daß auch das Böse in der Welt gegeben ist. Der Sohar verkennt nicht – wie die Christian Science der Mary Baker-Eddie im 19. Jahrhundert – das Böse als eine Illusion, sondern sieht dieses realiter als den Schatten des Guten. Nur im Wege einer fortschreitenden Läuterung wird die Entmachtung des Bösen ersehnt, und dazu führt der Weg des erwählten Volkes Israel als Licht der Völker in die Zukunft des Reiches Gottes.

Diese mystische Sicht mag uns als weltfremd erscheinen, sie ist aber eher als eine Sicht der Überwelt zu verstehen, die dem Mystiker als die wahre Welt erscheint.

Die Erwählung Israels tritt im Rahmen dieser Weltsicht als kosmisches Prinzip, nicht als Ausdruck nationaler Überwertigkeit in Erscheinung und sollte so jeder chauvinistischen Depravierung wehren. Daß dies nicht immer so ist, zeigen jüngste Entwicklungen, die einen Mißbrauch kabbalistischer Elemente durch nationalistische Kreise im Staate Israel verraten. Die universale

Mystik erfährt so eine nationalistische Verengung, die ursprünglich nicht intendiert war.

Das letzte Ziel der Mystik stellt die Unio mystica dar, die ekstatische Vereinigung mit Gott. Sie wird gewöhnlich in drei Phasen eingeteilt: 1. die Purifikation, die Reinigung oder Entleerung der Seele von allen störenden weltlichen Elementen; 2. die Illumination, die Erleuchtung der nun bereiten Seele; 3. jene Ekstase oder Entführung in höhere Welten, die oft unverkennbar erotische Züge trägt, insbesondere bei christlichen Mystikerinnen.

Nicht selten hängt die Unio mystica mit epileptischen Zuständen zusammen, nachweisbar von Paulus über Mohammed bis Dostojewski. Solche Epileptiker wünschen gar keine Befreiung von ihrem Leiden, in ihrem Zustand ein Zeichen der Erwählung sehend, da ihnen bei ihren Anfällen jene Unio mystica gewährt wird, die ihnen sonst versagt bleibt.

Martin Buber hat in seinem Buch »Ekstatische Konfessionen« Zeugnisse der Unio mystica aus den verschiedensten Religionen und Kulturkreisen zusammengestellt, wobei er von der jüdischen Mystik leider nur den Chassidismus berücksichtigte, jene um die Mitte des 18. Jahrhunderts entstandene ostjüdische Sekte. Die frühere kabbalistische Mystik bleibt dabei unberücksichtigt.

Für den erotischen Charakter der Unio mystica im Chassidismus sei hier ein von Buber gewähltes Beispiel angeführt:

»Wer eine Frau sehr begehrt und ihre buntfarbenen Gewänder betrachtet, dessen Sinn geht nicht auf das Prunkzeug und die Farben, sondern auf die Herrlichkeit der begehrten Frau, die in sie gehüllt ist. Aber die Andern sehen nur die Gewänder und nichts mehr. So schaut, wer Gott in Wahrheit begehrt und empfängt, in allen Dingen der Welt nur die Kraft und den Stolz des

Bildners des Urbeginns, der in den Dingen lebt. Wer aber nicht auf dieser Stufe ist, sieht die Dinge von Gott getrennt.«

Bubers »Ekstatische Konfessionen« erschienen erstmalig im Jahre 1909 bei Eugen Diederichs in Jena. Später trennte sich Buber weitgehend von der Mystik, da ihm der gewissermaßen asoziale Charakter dieser extremen Geisteshaltung klarwurde. Was die Mystiker selbst als Überwindung der Welt sahen, erschien ihm nun als eine Weltflucht, die das soziale Element, die menschliche Gemeinschaft, ausschließt.

Dies trifft aber auf die kabbalistische Mystik nicht zu, die vom Gedanken der Erwählung Israels getragen wird. Die mystische Vereinigung mit Gott gilt hier nicht nur der Einzelseele, sondern will jene höhere Einheit von *Gott* und *Volk* herstellen, die die Harmonie der Welt bedingt.

Nur wenn die Kongruenz der oberen und der unteren Welt in der Unio mystica hergestellt ist, öffnet sich das Tor der Erlösung. Die kabbalistische Mystik geht so über den individuellen Bereich hinaus und wählt das Gleichnis der Verschmelzung der Geschlechter für die Berührung der oberen und der unteren Welten, vorgegeben in der göttlichen Vereinigung mit der Schechina, des männlichen und des weiblichen Prinzips, in der Infrastruktur der Schöpfung.

Erwählung Israels und Unio mystica hängen so für das kabbalistische Weltbild zusammen und haben ihre Relevanz bis in die Gegenwart bewahrt.

Die Voll-Endung

Die Erwählung Israels wird oft fäschlich als eine ewige gesehen, hebräisch »le-Olam«, aber Buber/Rosenzweig übersetzen hier wörtlich genau – und damit auch sinngemäß – mit »auf Weltzeit«. So lange die Welt in ihrer uns bekannten Struktur durch die Zeiten dauert, bleibt auch die Erwählung Israels in Kraft. Diese Welt ist im biblischen Weltbild nicht als ein Letztes gedacht, sondern führt hin zum Reiche Gottes, als dem Telos der Geschichte, wobei ein neuer Himmel und eine neue Erde, in denen Gerechtigkeit wohnt, als Endziel sichtbar werden.

Das Reich Gottes, ein Reich des Friedens, der Gerechtigkeit und der Liebe, stellt das Ende der Religionen und damit auch der Erwählung Israels dar, das seine Funktion als Zeuge Gottes und Licht der Völker angesichts der gewandelten Wirklichkeit verliert.

Der Prophet Jeremia schildert (31,31–34) den Zustand eines Neuen Bundes mit Israel, der sich aber über Israel hinaus erstreckt, wie aus Parallel-Texten bei Jesaja und Habakuk hervorgeht:

»Siehe, es kommt die Zeit, spricht der Herr, da will ich mit dem Hause Israel und mit dem Hause Juda einen neuen Bund schließen, nicht wie der Bund gewesen ist, den ich mit ihren Vätern schloß, als ich sie bei der Hand nahm, um sie aus Ägyptenland zu führen, ein Bund, den sie nicht gehalten haben, ob ich gleich ihr Herr war, spricht der Herr; sondern das soll der Bund sein, den ich mit dem Hause Israel schließen will nach dieser Zeit, spricht der Herr: Ich will meine Weisung in ihr Herz geben und in ihren Sinn schreiben, und sie sollen mein Volk sein, und ich will ihr Gott sein. Und es wird keiner den andern, noch ein Bruder den andern lehren und sagen: Erkenne den Herrn, sondern sie sollen mich alle erkennen, beide, klein und groß, spricht der Herr; denn ich will ihnen ihre Missetat vergeben und ihrer Sünde nimmermehr gedenken.«

Man kann hier von einer Erneuerung oder Voll-Endung der Erwählung Israels sprechen. Der Alte Bund wird durch diesen Neuen Bund ersetzt, ergänzt und überboten.

Das Christentum hat diesen Neuen Bund (das Neue Testament) für sich okkupiert, was aber der ursprünglichen Intention der Prophetie des Jeremia nicht entspricht.

Wie gesagt, ist diese Jeremiastelle vom Neuen Bund zu ergänzen durch Jesaja 11,9:

»Man wird nirgends Sünde tun noch freveln auf meinem ganzen heiligen Berge; denn das Land wird voll Erkenntnis des HERRN sein, wie Wasser das Meer bedeckt.«

Parallel hierzu findet sich dieselbe Vorstellung bei Habakuk 2,14:

»Denn die Erde wird voll werden von Erkenntnis des HERRN, wie Wasser das Meer bedeckt.«

Im Hebräischen steht an beiden Stellen, sowohl bei Jesaja wie bei Habakuk, das Wort »Erez« (ha-Arez), das sowohl »Land« wie »Erde« bedeuten kann; aus dem Sinn-Zusammenhang ergibt sich, daß bei Jesaja primär das Land Israel, bei Habakuk aber die ganze Erde gemeint ist. Im Sinne der letzteren Stelle, die von der Sinnlosigkeit der Gewaltherrschaft der Völker ausgeht, ergibt sich die universale Sicht und damit das Ende der Religionen und infolgedessen auch der Sonderaufgabe Israels. Wenn die ganze Erde von der Erkenntnis Gottes voll sein wird, wie die Wasser des Meeres den Grund bedecken, erübrigt sich eine weitere Zeugenschaft und damit die spezifische Aufgabe des Volkes der Erwählung.

Der Apostel Paulus, als Schüler des Rabban Gamaliel, hat diesen Gedanken in seine Christologie aufgenommen und schreibt 1 Korinther 15,28: »Wenn aber alles ihm (Christus) untertan sein wird, alsdann wird auch der Sohn selbst untertan sein dem, der ihm alles untergetan hat, auf daß Gott sei alles in allem.«

Es ist derselbe Gedanke, der zu wenig beachtet wird, aus dem klar hervorgeht, daß auch die Erwählung der Gemeinde des Neuen Bundes ihr Ende im Reiche Gottes findet. Der Sohn – gemeint ist Jesus, der hier nicht mit Gott identisch gesehen wird – gibt dem Vater die zeitweilig abgetretene Herrschaft zurück, unterwirft sich ihm, damit Gott alles in allem sei.

Diese Endzeit kennt weder in jüdischer noch in paulinischer Sicht eine Vorherrschaft der Erwählten, sondern unterwirft eine gewandelte Schöpfung und Menschheit der Alleinherrschaft Gottes.

In diesem Sinne proklamiert auch Psalm 47,10:

»Die Fürsten der Völker sind versammelt
als Volk des Gottes Abrahams;
denn Gott gehören die Starken auf Erden;
er ist hoch erhaben.«

Wenn die Fürsten der Völker versammelt sind, als Volk des Gottes Abrahams, verliert die Erwählung Israels als Volk Abrahams ihre Relevanz, denn die in Gott vereinten Nationen stellen die Voll-Endung der Erwählung Israels dar.

Weder Israel noch die Kirche haben im Sinne der Eschatologie beider Testamente Anspruch auf Ewigkeit. Gott allein ist ewig, und seine Gnade erweitert sich von dem Erwählten Einzelnen Abraham über Israel auf alle Völker der Welt.

Ansätze dazu finden sich etwa bei Jesaja 19,24–25:

»Zu der Zeit wird Israel der dritte sein mit den Ägyptern und Assyrern, ein Segen mitten auf Erden, denn der Herr der Scharen wird sie segnen und sprechen: Gesegnet bist du, Ägypten, mein Volk, und du, Assur, meiner Hände Werk, und du, Israel, mein Erbe!«

Man muß sich die heute wieder so aktuelle Weitsicht des Propheten vor Augen halten, die die beiden Erbfeinde Israels, Ägypten und Assyrien, in den Gnadenbund Gottes aufnimmt. Ägypten wird als »mein Volk« und Assyrien als »das Werk meiner Hände« bezeichnet, und Israel bleibt »Gottes Erbe«, aber die Gleichstellung der anderen, der ursprünglich feindlichen Völker, mit Israel zu einem Dreibund bedeutet bereits die Überwindung einer Isolation der Erwählung, die in der Endzeit ihre Bedeutung verliert oder zumindest relativiert wird.

Jede nationalistische Überhebung erfährt so die prophetische Korrektur, die nie übersehen werden darf, wenn der Gedanke der Erwählung nicht in Chauvinismus entarten soll. Es ist wohl einzigartig in der Geschichte, daß Jahrtausende alte Prophezeiungen nicht nur ihre theologische, sondern auch ihre politische Bedeutung beibehalten. Das ist nur im Falle Israels gegeben, und zwar deshalb, weil hier Geschichte und Heilsgeschichte nicht (wie im Christentum) auf verschiedenen Ebenen verlaufen, sondern eine unlösbare Einheit bilden.

Vom Dreibund führt der jesajanische Weg zum Weltbund:

»Und es wird sein am Ende der Tage, daß das Haus des HERRN feststeht, höher als alle Berge und über alle Hügel erhaben, und alle Völker werden herzulaufen, und viele Völker werden hingehen und sagen: Kommt, laßt uns auf den Berg des HERRN gehen, zum Hause des Gottes Jakobs, daß er uns lehre seine Wege und wir wandeln auf seinen Steigen! Denn von Zion wird Weisung ausgehen und des HERRN Wort von Jerusalem. Und er wird richten unter den Völkern und zurechtweisen viele Völker. Da werden sie ihre Schwerter zu Pflugscharen und ihre Spieße zu Rebmessern machen. Denn es wird kein Volk wider das andere das Schwert erheben, und sie werden hinfort nicht mehr lernen, Krieg zu führen« (Jesaja 2,2–4).

Damit ist die Erwählung Israels erfüllt. Das Haus Gottes in Jerusalem – Haus des Gottes Jakobs genannt, da Jakob mit Israel identisch ist – wird zum eschatologischen Zentrum.

Derselbe Gedanke findet sich auch am Ende des Neuen Testaments in der Offenbarung Johannis, Kap. 21: das Neue Jerusalem. Diese visionär geschaute Stadt birgt das neue Gottesvolk:

»Und alle Völker werden wandeln in ihrem Licht, und die Könige auf Erden werden ihre Herrlichkeit in sie bringen. Und ihre Tore werden nicht verschlossen des Tages; denn da wird keine Nacht sein. Und man wird die Pracht und die Herrlichkeit der Völker in sie bringen. Und es wird nicht hineingehen irgendein Unreines, und nicht, der da Greuel tut und Lüge ...« (Offb 21,24–27).

In diesen beiden Visionen des Jesaja und des Johannes von Patmos wird der Unterschied zwischen Prophetie und Apokalypse deutlich sichtbar. Die Prophetie bleibt stärker an die Wirklichkeit gebunden, wenn auch eschatologische Überhöhungen stattfinden. So wird der Berg des Herrn höher als alle anderen Berge gesehen, was natürlich nicht geographisch gemeint sein kann, sondern »erhabener« meint. Die Apokalyptik aber läßt der Phantasie weitesten Spielraum und kommt so zu einem surrealistischen Weltbild.

Die Weisen Israels hatten große Bedenken gegen die Aufnahme von Apokalypsen in den Kanon der hebräischen Bibel, und nur zögernd wurden daher Hesekiel und Daniel in das Alte Testament aufgenommen, da sie apokalyptische Elemente enthalten. Daniel wurde deshalb nicht unter die Propheten gerechnet, sondern den rangmäßig tiefer stehenden »Schriften« zugeteilt.

Für unsere Thematik ist es wichtig zu sehen, daß für beide Glaubensweisen, Judentum und Christentum, mit dem Reiche Gottes die Voll-Endung der Erwählung Israels eintrifft, die Völker der Welt mit einbezogen werden in den Bund Gottes und Jerusalem nicht nur zum Zentrum Israels, sondern zum Weltzentrum erhoben wird.

Es wäre ganz falsch, diese universelle Erweiterung dem Christentum allein zuzusprechen, wie es die Kirche oft versucht hat, sondern hier ist ein Grundgedanke gegeben, den das Judentum konzipiert und das Christentum übernommen hat.

Im Christentum machte sich die Tendenz breit, die Erweiterung des Erwählungsgedankens auf Kosten des Judentums zu vollziehen, indem der Alte Bund als erloschen disqualifiziert wurde.

Die biblische Sicht aber meint, daß die Erwählung Israels zum Lichte der Völker diese dahin bringt, selbst das neue Licht zu erkennen, das über Zion aufgeht. Bei allem Universalismus des Christentums konnte auch dieses den hebräischen Ursprung nicht verleugnen: Das Zentrum der Völker bleibt Jerusalem, von Jesaja bis Johannes von Patmos.

Sieht man die Visionen von Propheten und Apokalyptikern im Lichte der Realität von heute, so muß einem klarwerden, daß noch ein weiter Weg bis zur Voll-Endung vor uns liegt und daher die Erwählung Israels für die Gegenwart ihre Bedeutung nicht verloren hat.

Eine ganz andere Frage ist, inwieweit Israel selbst diese Situation erkennt und dem gemäß nicht nur einen Anspruch, sondern eine Verpflichtung bewahrt, die mit solchem Anspruch unlösbar verbunden bleibt.

Epilog: Gestaltwerdung der Erwählung

Die Erwählung Israels gewinnt Gestalt in den Liedern vom Knechte Gottes, die sich in der Trostschrift des Jesaja-Buches finden, beim sogenannten Deuterojesaja.

Diese Lieder vom Knechte Gottes sind ursprünglich wohl auf einen unbekannten Blutzeugen aus der Zeit des Babylonischen Exils geschrieben, stellen aber, im Sinne einer pneumatischen Exegese, im Christentum eine Vorwegnahme der Passion Jesu dar, während das Judentum diese Lieder auf die Erwählung Israels hin deutet. Dafür spricht, daß Jes 49,3 ausdrücklich gesagt wird: »Und er sprach zu mir: du bist mein Knecht, *Israel*, durch den ich mich verherrlichen will.« Daraus geht klar hervor, daß der Knecht Gottes nicht nur als Einzelpersönlichkeit, sondern als Personifikation des Volkes Israel verstanden werden kann.

Die Deutung auf Jesus hin findet sich bereits im Neuen Testament selbst. Der Jünger Philippus erklärt einem Kämmerer aus Mohrenland (Äthiopien) das Lied vom leidenden Gottesknecht (Jes 53) auf Leben und Leiden des Jesus von Nazareth hin (Apg 8,26ff.). Diese Deutung hat die Kirche beibehalten.

Es sind fünf Texte, die die Gestalt des Knechtes zur Darstellung bringen, beginnend mit Jes 42,1–9, wo ausdrücklich von der Erwählung gesprochen wird:

»Siehe, das ist mein Knecht – ich halte ihn – und mein Auserwählter, an dem meine Seele Wohlgefallen hat. Ich habe ihm meinen Geist gegeben; er wird das Recht unter die Völker bringen. Er wird nicht schreien noch rufen, und seine Stimme wird man nicht hören auf den Gassen. Das geknickte Rohr wird er nicht zerbrechen, und den glimmenden Docht wird er nicht auslöschen. In Treue trägt er das Recht hinaus. Er selbst wird nicht verlöschen und nicht zerbrechen, bis er auf Erden das Recht aufrichte; ... Ich, der HERR, habe dich gerufen in Gerechtigkeit und halte dich bei der Hand und behüte dich und mache dich zum Bund für das Volk, zum Licht der Völker ...«

Die Berufung des Knechtes zeigt bereits die doppelte Aufgabe der Bundeserfüllung nach innen und das Licht der Völker nach außen.

Das zweite Lied vom Knechte Gottes (Jes 49,1–6) faßt Buber unter den Begriffen Verborgenheit und Offenbarung zusammen, wobei, wie erwähnt, in Vers 3 die Identifikation des Knechtes mit Israel expressis verbis betont wird. Auch in diesem zweiten Lied wird die doppelte Aufgabe des Knechtes zusammengefaßt in Vers 6:

»Es ist nicht genug, daß du mein Knecht bist, die Stämme Jakobs aufzurichten, um die Verstreuten Israels wiederzubringen, sondern ich habe dich zum Licht der Völker gemacht, daß du seist mein Heil bis an die Enden der Erde.«

Genau diese Aufgabe aber hat Israel verfehlt. In unseren Tagen wird das Anliegen, die Stämme Jakobs aufzurichten und die Zerstreuten Israels wiederzubringen, durch den Zionismus und den Staat Israel aktualisiert, aber die Mission unter den Völkern übersehen. Hier liegt die Schuld eines jüdischen Nationalismus einerseits, der nur an der Restaurierung des jüdischen Volkes im Lande Israel interessiert ist, und der jüdischen Orthodoxie andererseits, die zwar das Bundesbewußtsein im Inneren erwecken will, aber die Aufgabe für die Völker der Welt übersieht.

Im ersten Lied wird ausdrücklich betont, daß der Knecht Gottes seine Stimme nicht auf den Gassen erhebt, also offenbar keine Wortmission treibt, wohl aber durch sein existentielles Verhalten für Gottes Recht wirkt, das er mit zarter Hand (nicht mit Gewalt) in die Welt trägt. Er knickt nicht das schwache Rohr und verlöscht nicht den glimmenden Docht, steht also nicht als fanatischer Streiter in der Welt, sondern als ein Mittler, der das Keimhafte bewahrt, ganz im Gegensatz zu Nietzsches Maxime: »Das Schwache muß man stoßen, damit es falle.« Solche »Herrenmoral« bleibt dem Knecht Gottes und damit Israel ganz fern, sollte es zumindest bleiben.

Mit Jes 50,4–11 setzt das Motiv des leidenden Gottesknechtes ein. Erst bekennt der Knecht, daß Gott ihm hilft und ihm eine Zunge gegeben hat, um mit den Müden zur rechten Zeit zu reden. Er bekennt seinen Gehorsam, auch wenn er Mißhandlungen ausgesetzt ist. Ist damit nicht die fast zweitausendjährige Leidenszeit Israels als Volk Gottes intoniert?

Dieses Motiv wird in den Kapiteln 52 und 53 fortgeführt, wobei 53,12 das stellvertretende Sühneleiden und die endliche Erhöhung des Knechtes Gottes hinzukommen.

Dieser Gedanke hat für Judentum und Christentum zentrale Bedeutung gewonnen, ist aber dem Rechtsempfinden des modernen Menschen nur sehr schwer zugänglich. Der Gedanke hat sich aus der Opfer-Thora entwikkelt, wo ein Tier, beladen mit der Sünde des Einzelnen oder des Volkes (Sündenbock), geopfert wird.

Israel, als der Knecht Gottes, muß das stellvertretende Sühneleiden tragen; eine schwere Funktion, die im Christentum auf die Person Jesu übertragen und eingeschränkt wird.

Wir sehen also, daß dieselben theologischen Ideen der Erwählung sich in Judentum und Christentum zwar erhalten haben, aber verschieden interpretiert wurden.

Gerade die furchtbaren Erlebnisse der letzten Jahrzehnte im Holocaust finden eine jüdische Deutung im Sinne des leidenden Gottesknechtes. Nur wenigen Juden kann diese prophetische Erkenntnis zum eigenen Erlebnis des unbegreiflichen Martyriums werden. Dennoch darf diese Deutung nicht übersehen werden, zumal sie jahrhundertelang den Generationen Israels den Mut und die Kraft zum Martyrium verliehen hat.

Die Leiden des Knechtes Gottes aber führen, nach der Darstellung des Deuterojesaja (53,12), in die endzeitliche Erhöhung des Knechtes Gottes, der schließlich über die Übeltäter triumphiert.

Bringen wir diesen messianischen Optimismus heute auf? Ich wage keine Antwort auf diese Frage in einem kollektiven Sinne, meine aber, daß der sprichwörtliche jüdische Optimismus unterschwellig von solcher Hoffnung gespeist und getragen wird.

Der Knecht Gottes ist mit dem Messias nicht identisch, aber es gibt zahlreiche jüdische Kommentare, die den Knecht Gottes messianisch interpretieren. So finden sich Hinweise dieser Art im Babylonischen Talmud, Sukka 52a, in bezug auf den leidenden Messias. Ähnlich interpretieren Midrasch Siphrë, Sohar, Ibn Esra, Raschi, Lurja, Nachmanides, Maimonides u. a. Vorrangig bleibt aber im Volksbewußtsein die kollektive Identifikation des Knechtes Gottes mit dem Volk der Erwählung. Daneben finden sich Deutungen auf biblische und historische Gestalten. Der Babylonische Talmud (Sota, 14a) deutet auf Mose hin, der Jerusalemische Talmud (Schekalim 48) auf Rabbi Akiba, einen Märtyrer der hadrianischen Verfolgungen. Nach Joseph Albo ist mit dem

Knecht Gottes der Typus des Schriftgelehrten gemeint, da nach dem Babylonischen Talmud (Moed katan 28a) der Tod der Gerechten entsühnt.

Die Vielzahl der Deutungen zeigt die Dunkelheit des Textes, der den Knecht Gottes nicht identifiziert.

Ich selbst neige zu der Auffassung, die der norwegische Alttestamentler Sigmund Mowinckel Anfang der zwanziger Jahre unseres Jahrhunderts vertrat und die von Hermann Gunkel unterstützt wurde, der gemäß der Prophet sich selbst als den leidenden Gottesknecht sieht.

In unserer Untersuchung der Erwählung Israels aber ist nicht das Ursprüngliche entscheidend, sondern die geschichtliche Rezeption im Selbstverständnis Israels, das das Volk der Erwählung mit dem Knecht Gottes identifiziert.

Religionsgeschichtlich ist zu berücksichtigen, daß der Messianismus keine zentrale Stellung in der hebräischen Bibel einnimmt. Georg Fohrer läßt nur elf Prophetensprüche als messianisch gelten, wobei er ausdrücklich die Lieder vom Knechte Gottes und die Menschensohn-Stelle bei Daniel 7,13–15 ausnimmt, da sie nicht klar messianisch interpretiert werden können.

Die Vorstellung vom leidenden Messias gehört einer späteren religionsgeschichtlichen Schicht an, ist wohl erst nach dem Scheitern des Bar-Kochba-Aufstandes 135 n. Chr. aufgekommen. Schriftliche Fixierungen finden sich erst im 3. Jahrhundert, aber auch hier ist eine Identifikation mit dem Knechte Gottes kaum möglich, da der leidende Messias im endzeitlichen Kampf zwischen Gog und Magog, der bei Hesekiel dargestellt wird, fällt und erst den Weg für den triumphierenden Messias freilegt. Der leidende Messias wird als Sohn Josephs bezeichnet, der triumphierende aber als Sohn Davids. Das Neue Testament vereinigt diese beiden Typen in der Person Jesu, der als Sohn Josephs am Kreuze leidet und als Sohn Davids aufersteht.

Es ist nicht ausgeschlossen, daß die Christologie gewisse Spuren im Judentum hinterlassen hat, da die Religionen nicht selten einander befruchten.

Wie schon erwähnt, bleibt dennoch die kollektive Auffassung bis heute – und gerade heute wieder – vorrangig. Moses Hess (Bonn 1812 – Paris 1875), der sowohl in der Frühgeschichte des Sozialismus wie des Zionismus eine bedeutende Rolle spielte, deutete in seinem 1862 erschienenen Buch »Rom und Jerusalem« mit feinem Spürsinn an, daß sich das jüdische Volk selbst in seiner messianischen Rolle erkannt hat.

Wir haben versucht, den Gedanken der Erwählung Israels von den Vätern bis an das Ende der Tage aufzuzeigen, wobei sich immer wieder die Frage nach Mythos und Realität stellte.

Mythos und Realität sind nicht einfach als Gegensätze zu sehen, sondern finden in dem Begriff der mythischen Realität ihre Synthese. Der Mythos erzeugt seelische Realität, die sich wiederum historisch manifestiert.

So können wir feststellen, daß der Gedanke der Erwählung Israels in graue mythische Urzeit zurückreicht (Erwählung Abrahams), aber bis in unsere Tage hinein seine weiterzeugende Kraft nicht verloren hat.

Israel bleibt für weite Schichten des Judentums – und für biblisch orientierte Christen – das Volk der Erwählung.

Es gibt aber keine Erwählung ohne Verheißung und keine Verheißung ohne Verpflichtung. Nur ein Israel, das die Bundestreue wahrt, hat den legitimen Anspruch auf Erwählung und Verheißung, die in der Realität des Tages bewährt werden müssen.

Die Scholastiker haben die Frage gestellt: Was war zuerst? Das Huhn oder das Ei? – und konnten sie nicht beantworten. Ähnlich geht es uns in der Frage von Mythos und Mysterium.

Wir haben von Mythos und mythischer Realität gesprochen, aber steht nicht immer hinter dem Mythos das Mysterium – das sich freilich auch im Mythos und in der mythischen Handlung wiederholen kann?

Das Mysterium, das hinter dem Mythos von der Erwählung Israels steht, ist das Mysterium der Liebe.

Die Liturgie der Synagoge bringt dies deutlich zum Ausdruck. Ehe die Gemeinde das Glaubensbekenntnis: »Höre Israel, der Herr unser Gott, der Herr ist EINER« (Deut 6,4) verkündet, das ja mit dem Liebesgebot: »Du sollst den Herrn deinen Gott lieben, von ganzem Herzen, von ganzer Seele, mit all deiner Kraft« fortgesetzt wird, erinnert sie an den Liebesbund Gottes mit Israel:

»Mit ewiger Liebe liebst du dein Volk, das Haus Israel; Lehre, Gebote, Satzungen und Rechte hast du uns gelehrt, darum wollen wir, Herr unser Gott, bei unserem Niederlegen und unserem Aufstehen von deinen Satzungen sprechen. Wir wollen uns an den Worten deiner Lehre freuen und an deinen Geboten immer und ewig, denn sie sind unser Leben und die Länge unserer Tage, und in ihnen wollen wir bei Tag und Nacht forschen. Deine Liebe laß nicht von uns weichen in Ewigkeit. Gelobt seist du, Herr, der du dein Volk Israel liebst.«

Dieses Bekenntnis zur Liebe Gottes zu Israel muß uns, der Generation nach Auschwitz, nur schwer über die Lippen kommen, wie es unseren Vorfahren schwer über die Lippen kommen mußte, den Generationen von Verfolgungen, Vertreibungen, Ausrottungen. Israel hat die blutige Liebe Gottes erfahren. Wie aber kommt es zu dem Bewußtsein, trotz allem, von Gott geliebt zu sein?

Es ist das Erlebnis der Offenbarung, das hinter den Mysterien der Liebe steht. Die Tatsache, daß Israel gewürdigt wurde, Gottes Willenskundgebung in seinen Geboten zu erfahren, wird als Beweis der Liebe gewürdigt.

Keine äußere Entrechtung und Verfolgung konnte dieses Adelsbewußtsein schmälern. Das ist das Zeugnis der Liturgie, die die Liebesbenediktion als zweite dem Glaubensbekenntnis voraussetzt. Die erste Benediktion gilt ganz allgemein dem Lobpreis des Schöpfers.

In der Begründung der Erwählung Israels durch die Liebe Gottes unterscheiden sich Judentum und Christentum. Im Christentum hat sich die pessimistische Sicht des Paulus durchgesetzt, der nur die Schwere und den Fluch des Gesetzes erkannte, während das Judentum in unverbrüchlichem Optimismus die Freude am Gesetz – als einem Liebeserweis Gottes – festzuhalten wußte.

Das trifft für die Liturgie und damit für das Selbstverständnis Israels durch die Jahrhunderte zu.

Aber trifft das auch auf das heutige Judentum, an der Wende des 20. Jahrhunderts, zu? Diese Frage ist nicht mehr uneingeschränkt zu beantworten, denn die Gebote Gottes, wie sie Schrift und Tradition vermitteln, stellen für den jüdischen Pluralismus der Gegenwart keine Selbstverständlichkeit mehr dar. Die Gesetzesgemeinde des Esra (nach dem Babylonischen Exil, über Rabbi Akiba bis zu Moses Mendelssohn) gehört der Vergangenheit an.

Geblieben ist die Schicksalsgemeinschaft des Volkes Israel im eigenen Land und in der Diaspora, die ihr Sendungsbewußtsein weithin verloren hat.

Es wurde und wird uns nicht leichtgemacht, das Mysterium von der Liebe Gottes zu erkennen und zu bekennen. Aber nur, wenn dieses Bewußtsein wieder geweckt werden kann, primär durch das Faktum der Dauerkraft

Israels, durch alle Fährnisse hindurch, kann auch das Bewußtsein der Erwählung neue Aktualität gewinnen.

Das Schweigen Gottes verschärft die Situation.

Aus dem redenden Gott der Bibel wurde der schweigende Gott unserer Zeit.

Aber schweigt Gott wirklich? Sind nicht wir es, die ihn nicht mehr hören? Taub geworden durch die Stimmen der Zeit, in der wir jene »Stimme feinen Schweigens«, die der Prophet Elija am Horeb erlebte, nicht mehr zu hören vermögen?

Die Propheten erkannten in vielerlei Zeichen immer wieder die Stimme und den Anruf Gottes. Wir aber gehen achtlos an den Zeichen vorüber, die uns zu Wegweisern werden könnten.

Das vornehmste der Gebote beginnt mit dem Imperativ: »*Höre* Israel!« Das Gebot des Hörens steht an erster Stelle – und wird nicht mehr vollzogen.

Nur ein hörendes Israel wird sich seiner Erwählung bewußt. Ein hörendes Israel kann einen hörenden Gott erleben, der seine Gebete vernimmt. Wo aber nicht nur Gottesfinsternis, sondern auch Gottestaubheit seinen Bundespartner Israel ergriffen hat, kann seine – Gottes – Stimme nicht mehr gehört werden. Das ist die tragische Situation, der wir uns konfrontiert sehen.

Können wir diese Durststrecke durchhalten?

Hören und Gehorsam hängen organisch zusammen. Wo nicht mehr gehört wird, kann kein Gehorsam erwartet werden. Und wo der Gehorsam fehlt, verlieren Erwählung und Verheißung ihre Kraft.

Mit der Bitte um eine neue Hörfähigkeit zur Erkenntnis von Israels Bestimmung schließe ich diese Betrachtung.